W0198227

GRUNDGESETZ

GRUNDRISS

Vertiefungen

Anhang

DAS »GRUNDGESETZ« ALS VERFASSUNG

Grundgesetz oder Verfassung?

Mit ihren Verfassungen stellen sich Gesellschaften eine Visitenkarte aus. Verfassungen zeigen ihre Einheit an – als Nation, Staat, Volk oder Union. Verfassungen gelten als Eintrittsbillett in den Kreis der »zivilisierten Staaten«, wenn sie nur die Grundsätze von Demokratie, Republik und Rechtsstaat verbürgen und einen Katalog von Grundrechten garantieren.

Seit etwa zwei Jahrhunderten dokumentieren geschriebene Verfassungen das demokratische Projekt. Verfassungen geben mit der Macht des gedruckten Wortes Auskunft darüber, wie sich die Menschen ein einigermaßen gerechtes und geordnetes Leben in Gesellschaft vorstellen. Insbesondere: wie sie von der Möglichkeit, sich selbst zu regieren, Gebrauch machen wollen. Ob feierlich oder nüchtern in der Sprache, ob mit oder ohne Beschwörung des Beistands Gottes, stets begleitet eine im Namen der Mitglieder des Sozialverbandes – meist Volk oder Nation – erklärte Verfassung den Schritt aus eigenem Recht handelnder Bürgerinnen und Bürger in die neue Welt. Verfassungen treten mit unterschiedlichen Bezeichnungen auf: Als Konstitutionen, Fundamentalgesetze, Grundgesetze oder Verfassungsverträge signalisieren sie, dass die Mitglieder einer Gesellschaft sich nicht mehr als Untertanen hoheitlicher staatlicher Gewalt begreifen, sondern als Aktivbürgerschaft, die ihre Geschichte und Geschicke selbst gestaltet und sich politisch als Demokratie selbst organisiert.

In dieser Tradition sich selbst bestimmender und regierender Gesellschaften steht auch das Grundgesetz der Bundesrepublik Deutschland vom 23. Mai 1949. Was zunächst als Provisorium gedacht war, erwies sich in der Folgezeit als außerordentlich bestandskräftig und überstand bis zum Jahre 2003 51 Änderungsgesetze sowie eine Reihe von Bestrebungen zur Totalrevision. Mittlerweile steht das Grundgesetz als dauerhafteste deutsche Verfassung zu Buche. Nicht zuletzt deshalb wurde nach der deutschen Einigung im Jahre 1990 dieser Name beibehalten. Wir können festhalten: Die Einheit und Freiheit Deutschlands ist nunmehr vollendet. Das Grundgesetz – kurz: GG – hat sich als Verfassung eingebürgert.

Aufgaben des Grundgesetzes

Eine Verfassung steht an der Spitze der Normenpyramide des nationalen Rechts. Soll eine Verfassung nicht leeres Gerede oder frommer Wunsch bleiben, so muss sie den anderen Rechtsnormen etwas »vorgeben«, das ihren Vorrang rechtfertigt: Sie muss die Verfahren festlegen, in denen pluralistische Gesellschaften trotz ihrer Konflikte und inneren Zerrissenheit immer wieder einen gemeinsamen Willen bilden und handlungsfähig sein können. Dazu bedarf es der Verbürgung eines Minimums an Freiheiten. Diese sollen die Bürgerschaft in die Lage versetzen, auf den öffentlichen Foren aufzutreten und sich an der politischen Willensbildung zu beteiligen. Eben: ihre gemeinsamen Geschäfte selbst zu bestimmen. Sodann sind politische Institutionen und Ämter einzurichten, die die Ergebnisse dieser Willensbildung in allgemein verbindliche Entscheidungen übersetzen. Außerdem zeichnen Verfassungen bestimmte Werte aus, die für grundlegend erachtet werden, wie Frieden, Solidarität oder Schutz von Minderheiten.

Allgemeine und besondere Aufgaben stellen sich auch dem Grundgesetz. Die allgemeinen lassen sich unschwer von den in Art. 20 und 28 Abs. 1 niedergelegten Legitimations- und Organisationsprinzipien Republik, Demokratie, Rechtsstaat und Föderalismus sowie vom Katalog der Grundrechte ablesen. Besondere Aufgaben ergeben sich zwangsläufig aus der jüngeren deutschen Geschichte und aus der Erfahrung zweier Weltkriege. Das Grundgesetz sollte eine Antwort sein auf die Zerstörung der Weimarer Verfassung von 1919 (**»Streit-** **S. 90** **bare Demokratie«**). Außerdem war dem Grundgesetz aufgegeben, jeden Rückfall in ein Terrorregime nach Art des Nationalsozialismus oder auch des Stalinismus zu versperren. Deshalb verbürgt Art. 1 als erste und oberste Grundsatznorm die Unantastbarkeit der Würde des Menschen. Nach den Verwüstungen von zwei Weltkriegen lag es für die Eltern des Grundgesetzes nahe, mit der neuen Verfassung Sorge zu tragen für ein friedliches Zusammenleben der Völker. Die Präambel und Art. 24 sprechen von der Wahrung des Friedens. Art. 26 verbietet den Angriffskrieg. Im Hinblick auf die Zukunft visierten der Parlamentarische Rat bereits 1949 in der Präambel des Grundgeset-zes und der verfassungsändernde Gesetzgeber in dem 1992 neu ge-fassten Art. 23 den Weg zu einem vereinten Europa an.

Zur allgemeinen Aufgabe einer Verfassung gehört schließlich noch, auf gesellschaftliche Veränderungen zu reagieren. Auch das Grund-gesetz schwebt nicht in den Wolken, weit entfernt vom Wandel der Wertvorstellungen. Das zeigt sich an einzelnen Artikeln, die in der Auslegung der Gerichte, leitend hier das Bundesverfassungsgericht (BVerfG), ihre Bedeutung verändern. So stellte das Bundesverfas-sungsgericht 1957 fest: »Gleichgeschlechtliche Betätigung verstößt eindeutig gegen das (in Art. 2 Abs. 1 verankerte) Sittengesetz.« Zur Begründung verwiesen die Richter auf die »allgemeine Anerken-nung« für das damals noch geltende strafrechtliche Verbot der Ho-mosexualität. Inzwischen haben sich die Auffassungen dazu geän-dert, das Strafgesetz wurde in diesem Punkt liberalisiert, und das Verfassungsgericht würde heute schwerlich seine Urteilsgründe von 1957 wiederholen. Im Jahr 1954 ging ein Obergericht, wie viele ande-re, davon aus, die nichteheliche Lebensgemeinschaft verstoße gegen das nämliche Sittengesetz. Heute herrscht die Ansicht, der Schutzbereich von Art. 2 Abs. 1 (allgemeine Handlungsfreiheit) oder Art. 6 Abs. 1 (Schutz von Ehe und Familie) umfasse auch solche Lebensgemeinschaften, die unterdessen durch das Lebenspartnerschaftsgesetz offizielle Anerkennung fanden. Auch in anderen Bereichen wurde das Grundgesetz, wie später ausführlich dargelegt wird, auf seine veränderte gesellschaftliche Umwelt und auf neue politische Herausforderungen eingestellt.

Bausteine des Grundgesetzes

Den Verfassungscharakter des Grundgesetzes beglaubigt auch sein Aufbau. Es ist kein Zufall, sondern eine bewusste Entscheidung, dass der *Grundrechtskatalog* als erster Baustein den anderen Verfassungsnormen vorangestellt ist. Zu den in den Art. 1 bis 19 aufgeführten »klassischen« Grundrechten gehört noch eine Reihe von grundrechtsgleichen Rechten, die ein wenig verstreut im Grundgesetz zu finden sind: Rechte und Pflichten der Staatsbürger (Art. 33), das Wahlrecht (Art. 38) sowie die Rechtsgarantien vor Gericht und bei Freiheitsentziehungen (Art. 101 bis 104).

Diese grundrechtlichen Verbürgungen gewähren verbindliche und einklagbare Rechtsansprüche als »subjektive Rechte«, die im Rang den einfachen Gesetzen und allen untergesetzlichen Normen vorgehen. Sie binden alle staatlichen Gewalten, also die Gesetzgebung, Regierung und Verwaltung sowie die Rechtsprechung (Art. 1 Abs. 3). Praktisch heißt das, keine der drei Gewalten, auch nicht der Gesetzgeber, kann freihändig über grundrechtliche Garantien disponieren, sondern ist beachtlichen Einschränkungen unterworfen. Der Wesensgehalt von Grundrechten darf, wie es in Art. 19 Abs. 2 heißt, »in keinem Falle« angetastet werden. Außerdem bedürfen Eingriffe in grundrechtlich geschützte Bereiche einer gesetzlichen Grundlage (**Gesetzesvorbehalt**) und müssen hinreichend bestimmt und verhältnismäßig sein (**Grundsatz der Verhältnismäßigkeit**). Die Grund-

S. 111
S. 114

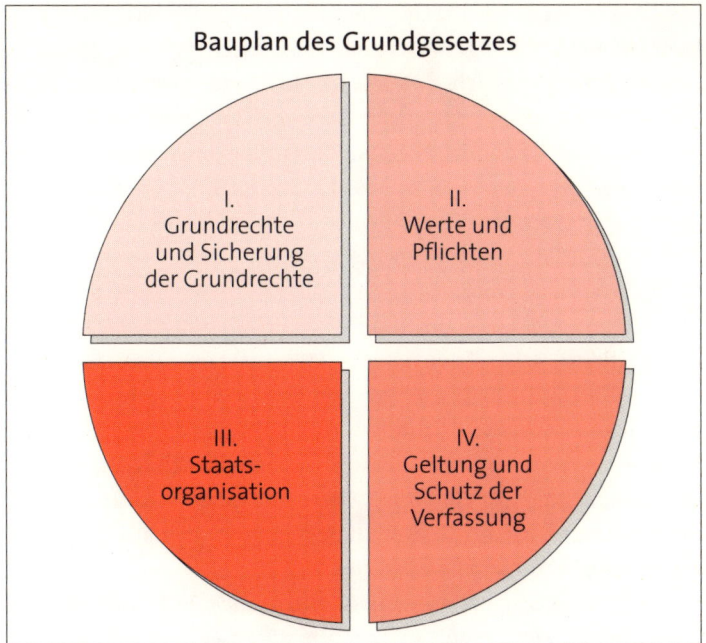

Bauplan des Grundgesetzes

I.
Grundrechte
und Sicherung
der Grundrechte

II.
Werte und
Pflichten

III.
Staats-
organisation

IV.
Geltung und
Schutz der
Verfassung

Bausteine des Grundgesetzes

rechte werden also flankiert von rechtsstaatlichen Garantien, um die staatlichen Gewalten auf Distanz zu halten.

Grundrechte erfassen alle wichtigen Lebensbereiche: die Intimsphäre, Ehe und Familie, die private Kommunikation, das Auftreten in der Öffentlichkeit, die Religion und die wirtschaftliche Betätigung. Sie verbürgen den Individuen und ihren Vereinigungen in der Gestalt von Freiheiten des Gewissens und Glaubens, der Meinungsäußerung und Presse, des Berufs und Eigentums etc. bestimmte Handlungskompetenzen und Handlungschancen. Demgegenüber zielen Gleichheitsgrundsatz und Diskriminierungsverbote (Art. 3) auf die gleiche Verteilung dieser Freiheiten ab.

Die Träger von Grundrechten sollen also in gleicher Weise frei sein, zu handeln, sich an den gemeinsamen Geschäften der Gesellschaft zu beteiligen und in gleichem Maße an staatlichen Leistungen teilzuhaben. Freilich sind einige Einschränkungen zu beachten. Nur Menschenrechte gelten für alle Personen. Beispiele: »Alle Menschen sind vor dem Gesetz gleich« (Art. 3 Abs. 1), und »Jeder hat das Recht, seine Meinung in Wort, Schrift und Bild frei zu äußern und zu verbreiten« (Art. 5 Abs. 1 Satz 1). Bürgerrechte dagegen stehen nur deutschen Staatsangehörigen zu. Zum Beispiel: »Alle Deutschen haben das Recht, sich ohne Anmeldung oder Erlaubnis friedlich und ohne Waffen zu versammeln« (Art. 8 Abs. 1), oder »Alle Deutschen haben das Recht, Beruf, Arbeitsplatz und Ausbildungsstätte frei zu wählen« (Art. 12 Abs. 1 Satz 1). Träger von Grundrechten können auch juristische Personen des Privatrechts sein, »soweit sie ihrem Wesen nach auf diese anwendbar sind« (Art. 19 Abs. 3). Das heißt, eine Aktiengesellschaft kann sich nicht auf ihre Gewissensfreiheit, wohl aber auf die Gewerbe- oder Eigentumsfreiheit berufen.

Bei den juristischen Personen des öffentlichen Rechts ist die Sachlage komplizierter. Denn sie üben öffentliche Gewalt aus und sind durchweg nicht Träger, sondern gerade Adressaten von Grundrechten. Sie werden an die Grundrechte gebunden, also zu ihrer Beachtung verpflichtet, nicht aber durch sie berechtigt. Ausnahmen von dieser Regel kommen nur in Betracht, wenn sie sich in einer »grundrechtstypischen Gefährdungslage« befinden bzw. nicht in die Staatsorganisation eingebunden sind, wie etwa die Hochschulen und öffentlichen Rundfunkanstalten.

Gemeinsam treten Grundrechte und die Grundsätze ihrer Sicherung mit dem Anspruch auf, alle wesentlichen Fragen der Gerechtigkeit eines Lebens in Gesellschaft zu beantworten. Freilich heißt das nicht, dass das Grundgesetz immer erschöpfend und eindeutig Auskunft darüber gibt, wie ein bestimmter Streitfall gerecht zu lösen sei. Wer etwa wissen will, ob das Grundgesetz einer Lehrerin islamischen Glaubens gestattet, im Unterricht ein Kopftuch zu tragen, gerät bald in ein unübersichtliches Dickicht von einander widersprechenden Normen des Grundgesetzes (**Religionsfreiheit**). Auch für

S. 102

andere kontroverse Themen wie etwa Frauen in der Bundeswehr, Embryonenforschung, Tierversuche, Demonstrationen rechtsextremistischer Organisationen, Auskunftsrecht des nichtehelichen Kindes auf Benennung des Vaters, Schwangerschaftsabbruch, lebenslängliche Freiheitsentziehung, Wahlrecht für Ausländer, »großer Lauschangriff«, Frauenquoten, Schutz der Äußerung »Soldaten sind Mörder«, Verbot der Kinderpornographie oder doppelte Staatsangehörigkeit hält das Grundgesetz keine einfache Lösung bereit. Wohl aber gibt es den Rahmen vor, in dem durch Auslegung des Textes und Abwägung der kollidierenden Normen eine verfassungsmäßige Entscheidung gefunden werden muss.

Der zweite Baustein des Grundgesetzes ist weniger prominent und in seinen Konturen weniger deutlich zu erkennen als die Grundrechte. Gemeint sind die *Werte* und *Pflichten*, die Fragen des Gemeinwohls betreffen. Die Eltern des Grundgesetzes folgten dem Vorbild vieler anderer Verfassungen, indem sie Frieden und Völkerverständigung, Sicherheit und soziale Gerechtigkeit, die Garantie der Menschenwürde, den Schutz von Ehe und Familie, die Treue zur Verfassung und die Ächtung der Todesstrafe als zentrale Werte benannten. Aus diesen Werten leiten sich zugleich Amtspflichten für die politischen Entscheidungsträger und Beamten, zum Teil auch für die Bürgerinnen und Bürger ab. Letztere sind also nicht nur verpflichtet, die Grundrechte anderer zu respektieren (Art. 2 Abs. 1); sie unterliegen der Schulpflicht, müssen Wehrdienst leisten, verfassungstreu handeln und Steuern zahlen.

Der dritte Baustein betrifft die *Staatsorganisation*. Die organisatorischen Regelungen bringen historische Erfahrungen zum Ausdruck und beantworten die Fragen praktischer politischer Vernunft. Bestimmte Verfassungen stellen nicht die Grundrechte oder Grundwerte, sondern die gewaltenteilige Staatsorganisation in den Vordergrund. Das Grundgesetz ist dagegen keine Organisationscharta, also Betriebsanleitung des Staates, mit angehängter »Bill of Rights« wie die amerikanische Bundesverfassung. Vielmehr regelt es die Fragen der staatlichen Organisation gleichberechtigt neben dem Grundrechtskatalog. Besonders wichtig: Das Grundgesetz legt fest, wie die vom Volke ausgehende Staatsgewalt ausgeübt wird, nämlich gewaltenteilig (Art. 20 Abs. 2). Es legt die politischen Entscheidungsverfahren fest und teilt den Organen, durch die der Bund handelt – Bundespräsident, Bundesregierung, Bundestag, Bundesrat und Bundesverfassungsgericht –, Kompetenzen, also Handlungsmacht zu. Es verteilt die Gesetzgebungs- und Verwaltungskompetenzen zwischen Bund und Ländern (Art. 70 ff. und 83 ff.) und legt fest, wer Steuern erheben darf und wie das Steueraufkommen zu verteilen ist (Art. 104 a ff.). Insgesamt nimmt der organisatorische Teil des Grundgesetzes zwar mehr Raum ein als der Grundrechtsteil, das heißt jedoch nicht, dass die »Verfassung der Politik« mehr normatives Gewicht hat als die »Verfassung gleicher Freiheit«.

Der vierte und letzte Baustein enthält die Regelungen, die die *Geltung* und *Änderung* des Grundgesetzes sowie seinen Schutz betreffen. Hier spricht das Grundgesetz gleichsam über sich selbst, wenn es das BVerfG als Hüter der Verfassung einsetzt (Art. 92 ff.). Wenn es in Art. 79 festlegt, dass jede Änderung ausdrücklich erfolgen muss, einer Mehrheit von zwei Dritteln des Bundestages und des Bundesrates bedarf und bestimmte Materien durch die »Ewigkeitsklausel« von jeglicher Änderung ausgenommen sind. Oder wenn es vorsieht, welche Institutionen die verfassungsmäßige Ordnung mit welchen Mitteln gegen welche Angriffe schützen sollen.

WIE ALLES ANFING

Geburtswehen und alliierte Geburtshelfer

Offiziell begann es am 1. Juli 1948. Im Auftrag ihrer Regierungen überreichten die Militärgouverneure der drei Westzonen an diesem Tag den Ministerpräsidenten der elf westdeutschen Länder die drei »Frankfurter Dokumente«. Diese enthielten den Auftrag zur Gründung eines westdeutschen Teilstaates. Für das spätere Grundgesetz war vor allem das Dokument Nr. 1 folgenreich. Es gab den Ministerpräsidenten auf, bis spätestens 1. September 1948 eine Verfassunggebende Versammlung einzuberufen. Diese sollte »eine demokratische Verfassung ausarbeiten, die für die beteiligten Länder eine Regierungsform des föderalistischen Typs schafft ... und die Garantien der individuellen Rechte und Freiheiten enthält«. Das darin enthaltene Angebot zur Staatsgründung hatte seinen Reiz, stürzte die Ministerpräsidenten jedoch in arge Verlegenheit. Sie wollten auf keinen Fall die deutsche Teilung zementieren. Sie antworteten mit einem »Ja, aber«, um den westdeutschen Teilstaat als Übergangslösung zu konstituieren: Keine Verfassunggebende Versammlung, sondern ein von den Landtagen gewählter Parlamentarischer Rat. Keine Verfassung, sondern ein Grundgesetz. Keine Volksabstimmung, sondern eine Entscheidung in den Landtagen. Die Militärgouverneure, die ursprünglich andere Vorstellungen von der neuen deutschen Verfassung hatten, gaben schließlich nach. Die Beratungen des Grundgesetzes konnten beginnen.

Diese gingen zügig voran, da die wichtigsten Fragen deutscher Staatlichkeit 1948 bereits vorentschieden waren: Der Ost-West-Gegensatz hatte sich zum »Kalten Krieg« vertieft; eine gesamtdeutsche Lösung war nach dem Scheitern der beiden Außenministerkonferenzen der Siegermächte von 1947 in weite Ferne gerückt. Die Westalliierten hatten mit ihren Vorgaben für die neue Verfassung zugleich unverrückbare Fixpunkte für den neuen Teilstaat gesetzt. Die Forderung der sowjetischen Besatzungsmacht nach einem sozialistischen Zentralstaat war damit als gesamtdeutsche Lösung chancenlos. Noch im Juli setzten die Ministerpräsidenten einen Sachverständigenausschuss ein, der aus den unterschiedlichen Verfassungsinitiativen und -projekten einen zusammenfassenden Entwurf erstellen sollte. Dieser »Herrenchiemseer Konvent« hatte nach zwei Wochen seinen Auftrag erledigt. Am 1. September 1948 nahmen die 65 Mitglieder des Parlamentarischen Rates unter dem Vorsitz von Konrad Adenauer ihre Beratungen auf. Unter den Augen der Militärgouverneure, die insbesondere über die föderale Struktur des neuen Teilstaates wachten, kam es in den nächsten Monaten im Parlamentarischen Rat zu heftigen Kontroversen. Streitfragen waren insbesondere, ob ein Grundrechtskatalog nicht eher entbehrlich sei, ob eine echte Zweite Kammer mit gewählten Senatoren oder nur ein Bundesrat mit Mitgliedern der Länderregierungen eingerichtet werden sollte, wie die Kompetenzen zwischen Bund und Ländern angemessen verteilt werden könnten und wie die Machtfülle des Staatsoberhaupts zu begrenzen sei. Am Ende einigte man sich auf einen brauchbaren Kompromiss. Der Entwurf für ein Grundgesetz hielt sich mit ideologischen Aussagen zurück, verzichtete im Gegensatz zur Weimarer Reichsverfassung (WRV) und zu den Nachkriegsverfassungen einiger Länder auf einen Katalog sozialer Grundrechte und auf Aussagen zur Wirtschafts- und Sozialpolitik. Vor allem aber war er deutlich länderfreundlicher als die Weimarer Verfassung.

Am 10. Februar 1949 legte der Parlamentarische Rat sein Werk den Militärgouverneuren vor. Diese beanstandeten, der Bund habe zu weitgehende Kompetenzen in der Gesetzgebung und sei übermäßig an den Steuererträgen beteiligt. Vor allem das selbst höchst zentralistisch organisierte Frankreich wollte einen schwachen Bund und starke Länder. Der Bund sollte finanziell möglichst von Beiträgen der

Länder abhängig sein. Im nachfolgenden verfassungspolitischen Poker zwischen dem Parlamentarischen Rat einerseits und den Militärgouverneuren andererseits hielten vor allem die Abgeordneten der SPD hartnäckig an dem Entwurf fest. Sie spielten auf Zeit und gewannen. Nach der »wohlwollenden Würdigung« durch die Außenminister der Westalliierten war schließlich die Genehmigung durch die Militärgouverneure nur eine Formsache.

Die Schlussfassung des Grundgesetzes wurde noch zweimal im Parlamentarischen Rat gelesen und dann in den Länderparlamenten mit großer Mehrheit angenommen. Allein der Bayerische Landtag scherte mit seinem Nein zum Grundgesetz aus, beschloss aber zugleich, dieses auch für Bayern als verbindlich anzuerkennen, sollten die übrigen Länder es akzeptieren. Am 23. Mai 1949 wurde das Grundgesetz verkündet und trat am folgenden Tage in Kraft. Die zweite deutsche Republik hatte ihre Verfassung.

Geburtsfehler und nachholendes Plebiszit

Die Präambel überspielte die fehlende Volksabstimmung mit der wahrheitswidrigen Behauptung, das »Deutsche Volk« habe das Grundgesetz »kraft seiner verfassungsgebenden Gewalt« beschlossen und zugleich »für jene Deutschen gehandelt, denen mitzuwirken versagt war«. Die historische Wahrheit gebietet den Hinweis, dass das plebiszitäre Defizit nicht den Alliierten anzulasten ist. Bis zum Schluss hatten sie eine Volksabstimmung über das Grundgesetz für notwendig erachtet. Gleichwohl blieb es bei »der Annahme durch die Volksvertretungen in (mehr als) zwei Dritteln der Länder« gemäß Art. 144. Mit Rücksicht auf die Teilung Deutschlands brach der Parlamentarische Rat mit den traditionellen Regeln der Verfassungsgebung. Das souverän gesollte Volk, von dem alle Staatsgewalt ausgeht (Art. 20 Abs. 2), konnte weder die Verfassungsgebende Versammlung wählen noch unmittelbar über die Verfassung selbst abstimmen. Unter durchaus veränderten Umständen wiederholte sich dieser Verzicht auf einen plebiszitären Akt, als endlich der Grund für die ursprüngliche Zurückhaltung des Parlamentarischen Rates entfiel: Die Deutsche Demokratische Republik trat der Bundesrepublik bei. Damit war die deutsche Teilung beendet. Wiederum konnten sich die Verfassungseliten nicht auf ein Referendum verständigen. Statt einer Neugründung des geeinten Deutschland wählten sie den Weg des Vertrages zwischen der alten Bundesrepublik und der damals noch bestehenden DDR. Sie vollzogen die Einigung durch einen Staatsvertrag über die Schaffung einer Währungs-, Wirtschafts- und Sozialunion, einen Vertrag zur Vorbereitung der ersten gesamtdeutschen Wahl und schließlich den Einigungsvertrag zur Herstellung der Rechtseinheit. Im »Zwei-plus-vier-Vertrag« gaben die vier Siegermächte dazu ihren Segen und verzichteten auf ihre besatzungsrechtlichen Restkompetenzen. Deutschland war damit ein hinsichtlich seiner inneren und äußeren Angelegenheiten souveräner Staat. Das deutsche Volk wurde aber offensichtlich nicht für souverän genug erachtet, über eine neue Verfassung abzustimmen.

Befürworter einer öffentlichen Verfassungsdiskussion mit abschließendem Referendum hatten zuvor an den Geburtsfehler des Grundgesetzes und die in Art. 146 versprochene neue Verfassung nach einer deutschen Einigung erinnert. Nach ihrer Auffassung hätte es nahe gelegen, der west- und ostdeutschen Bevölkerung nach mehr als 50 Jahren der Trennung hinreichend Gelegenheit zu geben, sich über ihre Erfahrungen und über die Grundlagen ihres Zusammenlebens zu verständigen. Eine Verfassungsdebatte hätte das dazu angemessene Forum eröffnet. Was meinten die Gegner eines solchen Vorgehens? Für eine Verfassungsdebatte fehle die Zeit. Außerdem habe sich das Grundgesetz bewährt. Und schließlich sei zu befürchten, dass der liberale Kern des Grundgesetzes Schaden nehmen könnte, wenn alles zur Abstimmung freigegeben würde. Am Ende triumphierte, wie so oft in der deutschen Verfassungsgeschichte, die

Angst. Eine Abstimmung fand nicht statt. Es blieb bei einigen geringfügigen, im Einigungsvertrag vorgesehenen »beitrittsbedingten Änderungen« des Grundgesetzes.

Gleichwohl lässt sich die These vertreten, der Geburtsfehler des Grundgesetzes sei inzwischen geheilt worden. Zum einen hat sich die demokratische Ordnung des Grundgesetzes als stabil erwiesen und zugleich eine Reihe von Regierungswechseln ermöglicht. Mit der Wahl der Abgeordneten des ersten Deutschen Bundestages am 14. August 1949 begann die Geburtsstunde der parlamentarischen Demokratie. Nach nunmehr 15 Legislaturperioden steht ihre Belastbarkeit außer Frage – ungeachtet der Kritik an einigen Strukturfehlern des parlamentarischen Systems, an einzelnen Fehlleistungen des Parlaments und an den Auswüchsen des Parteienstaates. Zum anderen ist das Grundgesetz inzwischen beim größten Teil der Bürgerschaft angekommen. Die mehr als 2000 **Verfassungsbeschwerden**, S. 117 die jährlich beim BVerfG in Karlsruhe eingehen, zeigen an: Grundgesetz und Gericht erfreuen sich eines beachtlichen Ansehens.

Der Schatten von Weimar

Wie Mehltau lag lange der Schatten der nach nur 13 Jahren zerstörten Weimarer Republik über dem Bonner Grundgesetz. Die Losung »Bonn ist nicht Weimar« beherrschte die Beratungen zum Grundgesetz. Sie zeigte an, dass der neue Souverän entschlossen war, aus der Vergangenheit zu lernen. Aus den Konstruktionsfehlern der Weimarer Verfassung wollte der Parlamentarische Rat die gehörigen Lehren ziehen. Freilich wäre es naiv und historisch falsch, primär der Weimarer Verfassung das Scheitern der Weimarer Republik anzulasten. Sie hätte überleben können, wenn die Parteien und Amtsträger sich für das parlamentarische System verantwortlich gefühlt und die Bürgerinnen und Bürger in ihrer Alltagspraxis die republikanische Verfassung angenommen und gelebt hätten.

Lehre Nr. 1: Der Parlamentarische Rat stellte sich die Frage, wie die Machtfülle des Staatsoberhaupts begrenzt und die parlamentarisch kontrollierten Regierungen stabilisiert werden könnten. Nach der Weimarer Verfassung hatte der Reichspräsident das Recht, den Reichskanzler und auf dessen Vorschlag die Reichsminister zu ernennen und zu entlassen sowie den Reichstag aufzulösen. Außerdem räumte ihm Art. 48 WRV weitreichende Notverordnungskompetenzen ein. Von 1919 bis 1933 wurden 254 präsidiale Notverordnungen erlassen, meist in den Krisen der Republik. Am Ende führte die exzessive Handhabung von Art. 48 WRV zur Präsidialdiktatur. Diesen Weimarer Konstruktionsfehler korrigierte das Grundgesetz mit einer Kanzlerdemokratie: Das Parlament, der Bundestag, wählt und kontrolliert den Bundeskanzler. Der zu gleichen Teilen vom Bundestag und von den Volksvertretungen der Länder gewählte Bundespräsident hat als neutrale Gewalt nunmehr überwiegend repräsentative Aufgaben. Er ist eine Art Notar, nicht aber die Spitze der Exekutive. Nur in Ausnahmefällen, wenn das parlamentarische System nicht mehr funktioniert oder eine Regierungsmehrheit zerfällt, kommt der Bundespräsident als Ausfallbürge ins Spiel: Er kann einen nur von einer Minderheit getragenen Kanzler ernennen oder den Bundestag auflösen (Art. 63 Abs. 4). Er kann auf Ersuchen des Bundeskanzlers, wenn dieser seine Mehrheit verloren hat, den Bundestag auflösen und den Weg frei machen für Neuwahlen (Art. 68). Das Grundgesetz reagiert damit auf Schwierigkeiten, die Anfang der dreißiger Jahre dadurch entstanden, dass der Reichstag nicht mehr imstande war, eine regierungsfähige Mehrheit zu bilden. Gegen die Weimarer Praxis richtet sich auch das **konstruktive Misstrauensvotum** (Art. 67).

S. 108

Lehre Nr. 2: Dass »Bonn nicht Weimar« sein sollte, dokumentiert auch das Verhältnis des Grundgesetzes zu den politischen Parteien. Den Parteien der Weimarer Zeit wurde vorgeworfen, Institutionen, Amtsträger und Verfassung der Republik bekämpft und letztlich diese selbst ins Grab getrieben zu haben. Die Methoden des politischen

Kampfes waren rüde. Im Dunkeln blieben die Geldgeber. Aus Erfahrung klug, nimmt das Grundgesetz daher die Parteien in den »Verfassungskreis« auf: um sie zu schützen und zu kontrollieren. Art. 21 Abs. 1 garantiert ihnen Gründungsfreiheit und Mitwirkung an der politischen Willensbildung, verpflichtet sie zugleich, sich demokratisch zu organisieren und ihre Finanzquellen offen zu legen.

Lehre Nr. 3: Die Weimarer Verfassung, hieß es, sei wertneutral und die demokratische Republik wehrlos gewesen. Folglich installierte der Parlamentarische Rat im Grundgesetz eine wehrhafte bzw. **streitbare Demokratie**. Gegenüber Parteien, die darauf ausgehen, die freiheitliche Demokratie zu zerstören, mobilisiert diese ihre Abwehrkräfte: Parteien und Vereinigungen können verboten werden (Art. 21 Abs. 2 und 9 Abs. 2). Verächter von Demokratie und Freiheit, die ihre Grundrechte missbrauchen, können diese verwirken (Art. 18). Und vorsichtshalber wollte der Grundgesetzgeber bestimmte fundamentale Normen jeglicher Änderung entziehen: Als Ewigkeitsklausel schreibt Art. 79 Abs. 3, wie erwähnt, den Schutz der Menschenwürde, die Bindung aller staatlichen Gewalt an die Grundrechte, die Gliederung des Bundes in Länder, deren Mitwirkung bei der Gesetzgebung und die in Art. 20 niedergelegten Grundsätze Bundesstaat, Volkssouveränität, Republik, rechtsstaatliche Demokratie, Gewaltenteilung und Sozialstaat als unveränderbar fest. Allerdings trifft es nicht zu, dass die Weimarer Republik schutzlos ihren Feinden ausgeliefert war. Die erforderlichen Instrumente waren vorhanden. Nur wurden die Gesetze und Verordnungen zum Schutze der Republik nicht oder nicht konsequent gegen Personen und Organisationen angewendet, die es darauf angelegt hatten, die Republik zur Strecke zu bringen.

S. 90

Die Gründung der DDR

Am 7. Oktober 1949, nur wenige Tage nach ihrer Gründung, erhielt die junge Bundesrepublik Konkurrenz. Das »Neue Deutschland«,

Zentralorgan der ostdeutschen Sozialistischen Einheitspartei (SED), feierte die Geburt der Deutschen Demokratischen Republik (DDR). Ein zweiter Staat war auf dem Boden des ehemaligen Deutschen Reiches entstanden. Die deutsche Teilung war damit vorerst besiegelt.

Die Vorbereitung einer Verfassung in den Westzonen hatte die SED nicht ruhen lassen. Überwacht und gesteuert von der sowjetischen Besatzungsmacht, hatte sie alles daran gesetzt, um den »kapitalistischen Westen« mit einer »wahrhaft demokratischen« Alternative zu konfrontieren. Ende 1947 wurde ein »Deutscher Volkskongreß für Einheit und gerechten Frieden« einberufen. Aus diesem wurde im folgenden Jahr der Deutsche Volksrat gewählt. Dieser Volksrat, gleichsam das Gegenstück zum Parlamentarischen Rat, hatte den Auftrag, eine Verfassung für eine »Gesamtdeutsche Demokratische Republik« auszuarbeiten.

Am 30. Mai 1949 wurde der Verfassungsentwurf dem 3. Deutschen Volkskongreß vorgelegt und bei einer Gegenstimme angenommen. Nachdem Stalin der Staatsgründung zugestimmt hatte, benannte sich der Volksrat in die »Provisorische Volkskammer der Deutschen Demokratischen Republik« um, nahm die neue Verfassung an und setzte sie am 7. Oktober 1949 in Kraft.

Zur europäischen Verfassungstradition hielt die DDR-Verfassung freilich großen Abstand. Nach Art. 16 der französischen Erklärung der Menschen- und Bürgerrechte von 1789 hat »eine jede Gesellschaft, in der weder die Gewährleistung der Rechte zugesichert noch die Trennung der Gewalten festgelegt ist, ... keine Verfassung«. Dieses Verdikt trifft auf die DDR-Verfassung zu und verbannt sie ins Reich der politischen Folklore: Sie enthielt zwar einen umfangreichen Katalog von Grundrechten. Diese konnten jedoch weder eingeklagt noch konnte ihre Verletzung von einem unabhängigen Verfassungsgericht überprüft werden. Außerdem konzentrierte die DDR-Verfassung alle Macht bei der Volkskammer als »höchstem Organ der Republik«, die unter anderem die Richter wählte und abberufen konnte. Über allem wachten die Partei und die Staatssicherheit, ohne dass ihnen dabei die erste Verfassung oder auch deren Nachfolgerinnen je in den Arm fielen.

WIE SICH DAS GRUNDGESETZ VERÄNDERTE

Verfassungen existieren nicht im luftleeren Raum. Sie werden, wie alle Gesetze, an ihre Umwelt angepasst. Meist mit erheblicher Verzögerung. Ihr Text und ihre Veränderungen geben Auskunft über einschneidende Veränderungen der gesellschaftlichen Kräfteverhältnisse und über dramatische innen- und außenpolitische Problemlagen. Allerdings gibt es hier beachtliche Unterschiede. Die amerikanische Bundesverfassung von 1787 hat sich als besonders änderungsresistent erwiesen: in über zweihundert Jahren nur 27 Verfassungszusätze, genannt *amendments*. Das ist rekordverdächtig. Kurzlebiger waren dagegen die Verfassungen sozialistischer Staaten. Sie wurden stets an den jeweiligen Stand der gesellschaftlichen Entwicklung angepasst und »generalüberholt«. So ist die DDR 1949, 1968 und 1974 in wesentlicher Hinsicht neu verfasst worden. Das Grundgesetz hält eine mittlere Position mit etwa fünfzig Änderungsgesetzen in etwa fünfzig Jahren. In diesen Streichungen und Ergänzungen, vor allem aber in den bisweilen kontroversen und folgenreichen Leitentscheidungen des BVerfG spiegeln sich die Geschichte der Bundesrepublik und die Problemlagen wider, auf die das Grundgesetz reagierte.

Von der Friedens- zur Wehrverfassung

Am Anfang stand die Vorstellung, vom deutschen Boden solle kein Krieg mehr ausgehen. Der Parlamentarische Rat hatte eine friedliche

Bundesrepublik ohne militärische Streitmacht im Sinn. Militärische Gewalt sollte nur als »Akt des kollektiven Selbstschutzes aller Nationen ausgeübt werden«. Das sollte sich bald ändern. Nach der Gründung des westdeutschen Teilstaates forderten die Westalliierten unter dem Eindruck des Korea-Krieges die Wiederbewaffnung der Bundesrepublik ein. In Westeuropa bemühten sich die Regierungen um ein gemeinsames, leistungsfähiges Verteidigungsbündnis – eine europäische Verteidigungsgemeinschaft. In diese sollte auch die Bundesrepublik einbezogen werden. Nach erbitterten Auseinandersetzungen im Bundestag, vor dem BVerfG (E 2, 79 und 143) und in der Öffentlichkeit wurde die Wiederbewaffnung im Bundestag beschlossen und mit zwei Ergänzungen eine Wehrverfassung in das Grundgesetz eingebaut: Der Bund erhält 1954 die ausschließliche Gesetzgebungskompetenz für Verteidigung und Schutz der Zivilbevölkerung (Art. 73 Nr. 1). Eine Änderung von 1956 ebnete den Weg zur Aufstellung von Streitkräften und zu Grundrechtsbeschränkungen für Wehr- und Ersatzdienstleistende (Art. 87a, 17a). Weitere Ausbaumaßnahmen waren später vor allem die Regelungen der Dienstpflicht in den Streitkräften (Art. 12a), der Befehlsgewalt über die Streitkräfte (Art. 65a und 115b) und der Bundeswehrverwaltung (Art. 87b).

In den letzten Jahrzehnten komplettierten Leitentscheidungen des BVerfG die Wehrverfassung. Im Streit standen hier jeweils die Rechte des Bundestages. Fall 1: Die Bundesregierung stimmte 1983 den Plänen der US-Regierung zu, in der Bundesrepublik neue nuklear bestückte Mittelstreckenraketen zu stationieren. Die Bundestagsfraktion der Partei Die Grünen erhob dagegen Klage vor dem BVerfG. In diesem Organstreitverfahren rügte sie, die Regierung habe ohne gesetzliche Grundlage gehandelt, also die Rechte des Bundestages verletzt. Das BVerfG sah das in seiner *Pershing*-Entscheidung (E 68, 1) anders: Die Regierung habe die Zustimmung im Rahmen des NATO-Verteidigungssystems erteilt und die Grenzen ihres Aufgabenbereichs »auswärtige Gewalt« nicht überschritten. Die Fälle 2 und 3 betrafen zehn Jahre später die Mitwirkung eines Bundeswehrkontingents einmal in Somalia, einmal in Jugoslawien. In beiden Fällen operierte die Bundeswehr »out of area«, also außerhalb des Gebietes der NATO-Staaten. Einmal im Rahmen einer UNO-Aktion zur Friedenssicherung, einmal in einem NATO-AWACS-Verband. Ein Einsatz »zur Verteidigung« konnte schwerlich angenommen werden. Besonders die Überwachungsaktion im Jugoslawien-Konflikt war unter den Verfassungsrichtern umstritten. Am Ende kam es zu einem 4:4-Unentschieden im Zweiten Senat. Nach den Verfahrensregeln ging dies zu Lasten der parlamentarischen Gegner der Militäreinsätze. Ihre Anträge, diese militärischen Aktionen für verfassungswidrig zu erklären, erhielten keine Mehrheit und wurden abgelehnt. Folglich setzte sich das Argument durch, Art. 24 Abs. 2 ermächtige die Bundesrepublik, sich einem System der kollektiven Sicherheit anzuschließen. Und damit sei sie grundsätzlich befugt, zur Erfüllung ihrer Bündnisverpflichtungen Streitkräfte zur Verfügung zu stellen. Nur bewaffnete Einsätze seien zuvor vom Parlament zu beschließen (*Somalia/AWACS*-E 90, 286). Im letzten Fall hatte das BVerfG 2003 über den Einsatz von AWACS-Flugzeugen in der Türkei zu entscheiden. Wiederum räumte das Gericht außerpolitischen Erwägungen Vorrang ein und sah davon ab, die Bundesregierung zu verpflichten, die deutschen Soldaten aus dem AWACS-Verband der NATO zurückzuordern (*AWACS II*, 2 BvQ 18/03). Diese Entscheidungen legen dem Bundestag nahe, künftig sein Mitspracherecht bei allen Auslandseinsätzen der Bundeswehr, immer als »Parlamentsheer« gedacht, mit einem Entsendegesetz abzusichern.

Von der Normal- zur Notstandsverfassung

Das Grundgesetz war ursprünglich darauf angelegt, eine Gesellschaft zu verfassen, die unter der Kontrolle von Besatzungsmächten stand. Je mehr diese Gesellschaft sich als demokratisch zuverlässig erwies, desto entbehrlicher wurde das Besatzungsstatut. Um die volle staatliche Souveränität zu erlangen, wurde der Bundesrepublik schließlich aufgegeben, in der Verfassung zu regeln, wie Situationen innerer und äußerer Bedrohung bewältigt werden sollten. Zu diesem Zweck wurden ab Mitte der sechziger Jahre Notstandsgesetze entworfen. Sie trafen auf noch schärferen außerparlamentarischen Protest und parlamentarische Opposition als die Wiederbewaffnung. Die Furcht vor einer neuen Diktatur saß tief. Nach jahrelangen, äußerst heftigen Auseinandersetzungen kam es am 24. Juni 1968 zur Verkündung der »Notstandsverfassung«. Sie führte zu tiefen Einschnitten in das Grundgesetz. Für den Verteidigungsfall, den Spannungsfall und den inneren Notstand sehen die Notstandsbestimmungen seitdem eine Dienstleistungspflicht für Männer und Frauen (Art. 12a) sowie den Einsatz von Landespolizeien und Bundesgrenzschutz (Art. 91 Abs. 2), bei schweren Unruhen auch von Militär (Art. 87a Abs. 4) vor. Die mit dem »Spannungsfall« nach Art. 80a verkoppelten »Sicherstellungsgesetze« ermächtigen die Exekutive, die gesamte Wirtschafts- und Arbeitsordnung auf eine zentral gesteuerte Kriegszwangswirtschaft umzustellen. Damit nicht genug, schränkte die Ergänzung von Art. 10 Abs. 2 das an sich unverletzliche Brief-, Post- und Fernmeldegeheimnis und den lückenlosen gerichtlichen Rechtsschutz ein: Überwachungsmaßnahmen werden dem Betroffenen gemäß dem Gesetz zu Art. 10 auch nachträglich nicht mitgeteilt, solange deren Zweck gefährdet ist. Und an die Stelle der gerichtlichen Kontrolle tritt die Überprüfung durch eine Parlamentarische Kontrollkommission.

In seinem ebenso fragwürdigen wie scharf kritisierten Urteil zum »Abhör-Gesetz«, dem Gesetz zu Art. 10, segnete der Zweite Senat des BVerfG diese Freiheitseingriffe mit knapper Mehrheit ab und gestattete dem Gesetzgeber, »auch elementare Verfassungsgrundsätze systemimmanent zu modifizieren« (*Abhör*-Urteil E 30, 1). Aus liberaler Sicht ein Sündenfall, zu dem drei Verfassungsrichter mit deutlichen Worten auf Distanz gingen: »Der nach Art. 10 Abs. 2 Satz 2 mögliche heimliche Eingriff in die Privatsphäre des Bürgers unter Ausschluß des Rechtsweges trifft nicht nur Verfassungsfeinde und Agenten, sondern gleichfalls Unverdächtige und persönlich Unbeteiligte. [...] Mit dieser Behandlung wird über das Recht des Einzelnen auf Achtung des privaten Bereichs ›kurzerhand von Obrigkeits wegen‹ verfügt, der Bürger zum Objekt staatlicher Gewalt gemacht.« Ein »Geheimverfahren« biete keinen Rechtsschutz. Und schließlich: So kehre sich die »streitbare Demokratie« gegen sich selbst. Die weitere Entwicklung sollte diesen Richtern Recht geben. Bei den Abhörmaßnahmen des Gesetzes zu Art. 10 ist es nicht geblieben. Mittlerweile haben auch der »große« und der »kleine Lauschangriff« Eingang ins Grundgesetz gefunden (Art. 13 Abs. 4 und 5). Nunmehr dürfen auch Wohnungen mit Hilfe technischer Mittel, wie Wanzen, Richtmikrofonen, Videokameras etc., überwacht und ausgespäht werden (Art. 13 Abs. 3 bis 6). Diese Maßnahmen lassen befürchten, dass der »Notstand« zur Normalität wird.

Von der Marktwirtschaft zur *mixed economy*

Der Parlamentarische Rat hatte sich auf einen wirtschaftspolitischen Kompromiss geeinigt: Keine Aussagen im Grundgesetz zu Wirtschaftssystem und -politik, insbesondere keine Entscheidung zugunsten eines ungewissen dritten Weges zwischen Kapitalismus und Sozialismus. Stattdessen gaben die Grundrechte, die die wirtschaftliche Betätigung sichern, und das Sozialstaatsprinzip den Rahmen für eine soziale Marktwirtschaft vor. Näheres zu regeln blieb dem Gesetzgeber überlassen. Dieser sollte, wie es später im Urteil zur Mitbestimmung heißt, »jede ihm sachgemäß erscheinende Wirtschaftspolitik verfolgen können« (E 50, 290). Von einer »wirtschaftspolitischen Neutralität« des Grundgesetzes kann dennoch nur eingeschränkt die Rede sein. Denn die grundrechtlich garantierte – auch wirtschaftliche – Entfaltungsfreiheit (Art. 2 Abs. 1), die Berufsfreiheit (Art. 12 Abs. 1) und die Eigentumsgarantie (Art. 14) markieren liberale Eckwerte für eine freie Wirtschaft. Sie hegen Markt und Wettbewerb ein und schließen eine zentralistische Planwirtschaft aus. Art. 15, der die Vergesellschaftung von Grund und Boden, von Naturschätzen und Produktionsmitteln vorsah, war damit von Anbeginn zu einem Schattendasein verdammt. Dem Staat fällt die begrenzte Aufgabe zu, sicherzustellen, dass der Markt auch wirklich funktioniert und nicht durch unlauteren Wettbewerb, Monopolbildungen und Kartelle unterlaufen wird. Allerdings gibt das Sozialstaatsprinzip (Art. 20 Abs. 1) dem Gesetzgeber eine etwas freiere Hand, Auswüchse der Marktwirtschaft, insbesondere den Missbrauch der ökonomischen Machtstellung gegenüber Abnehmern, Lieferanten und Arbeitnehmern, zu verhindern oder zu korrigieren.

In der zweiten Hälfte der sechziger Jahre gerät das »Wirtschaftswunder« des ökonomischen Wiederaufbaus in eine Krise. Auf der Suche nach neuen Instrumenten zur Steuerung der Wirtschaft verfällt die »Große Koalition« der Regierung Kiesinger/Brandt auf das Projekt einer »globalen Konjunktursteuerung«. Die öffentlichen Hände werden in ihrer Haushaltspolitik daher seit 1967 darauf verpflichtet, das gesamtwirtschaftliche Gleichgewicht zu wahren (Art. 104a Abs. 4 und 109 Abs. 2). Dem Gesetzgeber öffnet das Grundgesetz den Weg zu einem Stabilitätsgesetz, mit dem fortan die Konjunktur reguliert werden soll. Mit dem Ziel des gesamtwirtschaftlichen Gleichgewichts des »magischen Vierecks« von hohem Beschäftigungsstand, Stabilität des Preisniveaus, außenwirtschaftlichem Gleichgewicht und stetigem und angemessenem Wirtschaftswachstum ändert sich die wirtschaftspolitische Ausrichtung des Grundgesetzes. Es beschränkt den Gesetzgeber nicht mehr auf eine ordoliberale Wirtschaftskontrolle, sondern legitimiert nunmehr eine keynesianische Wirtschaftspolitik: Der Staat soll mit Hilfe seiner Haushalts-, Finanz- und Konjunkturpolitik steuernd, ausgleichend und gestaltend in den Wirtschaftsprozess eingreifen.

Die »Wirtschaftsverfassung« des Grundgesetzes wird komplettiert durch die staatliche Verantwortung für die Infrastruktur. Im Katalog der ausschließlichen und der konkurrierenden Gesetzgebung (Art. 73 und 74) sind Luft- und Eisenbahnverkehr sowie die Bereitstellung von Transportwegen für Schifffahrt, Straßen- und Schienenverkehr dem Staat zur Regelung zugewiesen. Die Gesetzgebungskompetenzen geben auch Auskunft darüber, dass daneben die Währungs- und Handelspolitik sowie die Förderung und Kontrolle der Wirtschaft als Staatsaufgaben vorgesehen sind. Nimmt man alle programmatischen Vorgaben und Regelungsbefugnisse in den Blick, so ergibt sich ein komplexes Bild. Das Grundgesetz ist wirtschaftspolitisch weniger zurückhaltend, als es zunächst scheint. Es sieht eine *mixed economy* vor und einen Staat mit weitreichenden wirtschaftspolitischen Kompetenzen, also nicht nur einen Minimalstaat in Sachen Ökonomie.

Vom kooperativen zum unitarischen Föderalismus

Die Nationalsozialisten schalteten 1934 die Länder gleich und errichteten einen zentralistischen Einheits- und Führerstaat. Nach der Befreiung vom NS-Regime stand für die Westalliierten fest, dass die Länder beim Wiederaufbau deutscher Staatlichkeit eine zentrale Rolle zu spielen hatten. Dem Parlamentarischen Rat machten sie unmissverständlich klar: Ohne Bundesstaat kein Grundgesetz. Den Alliierten ging es weniger darum, die kulturelle Identität historisch gewachsener Einzelstaaten zu erhalten, zumal die meisten Länder nach 1945 ohnehin einen neuen Zuschnitt erhielten. Im Vordergrund stand das Bestreben, den neuen deutschen Teilstaat zu dezentralisieren, zu demokratisieren und durch vertikale Gewaltenteilung und Machtkontrolle ein neues Reich oder auch nur ein neues Preußen zu verhindern.

Der Parlamentarische Rat kam dieser Vorgabe mit einer föderalen Ordnung entgegen, in der die Länder, wie es anfangs schien, entscheidendes Gewicht haben: Grundsätzlich sind die Ausübung staatlicher Befugnisse und die Erfüllung staatlicher Aufgaben Sache der Länder (Art. 30). Konkret bedeutet das: In der Gesetzgebung spricht eine Vermutung für die Zuständigkeit der Länder, soweit das Grundgesetz keine andere Regelung trifft (Art. 70). Hinsichtlich der Exekutive gilt der Grundsatz: Die Länder führen auch die Bundesgesetze als eigene Angelegenheit aus (Art. 83). Nur ausnahmsweise, wenn vom Grundgesetz ausdrücklich vorgesehen, handeln die Länder im Auftrage des Bundes (Art. 85) oder werden Gesetze in bundeseigener Verwaltung ausgeführt (Art. 86 ff.). Auch die Rechtsprechung soll überwiegend in der Hand von Gerichten der Länder liegen (Art. 92). Erst an der Spitze des jeweiligen Rechtsweges greifen die obersten Gerichtshöfe des Bundes ein, um die Einheitlichkeit der Rechtsanwendung zu wahren. Das alles liest sich sehr länderfreundlich. In der Ausgangslage von 1949 entsprach die föderale Ordnung mit der Arbeitsteilung zwischen Bund und Ländern also durchaus dem Ideal eines kooperativen Föderalismus.

Freilich verschoben sich sehr bald die Gewichte zugunsten des Bundes. In der politischen Praxis erwiesen sich die Materien, bei deren Regelung Bund und Länder konkurrieren (Art. 72 und 74), als Einfallstor für die Ausweitung der Bundeskompetenzen. Die alte Fassung des Art. 72 Abs. 2 forderte zwar ein »Bedürfnis nach bundesgesetzlicher Regelung«. Das ließ sich jedoch relativ leicht begründen. So entwickelte sich die Konkurrenz von Ländern und Bund im Laufe der Jahre zu einem Vorrang des Bundes. Dessen Übergewicht im legislativen Bereich untermauerten zusätzlich ungeschriebene Kompetenzen sowie die Rahmengesetzgebung (Art. 75). Hinzurechnen muss man die große Zahl von Rechtsverordnungen, zu deren Erlass Gesetze die Bundesexekutive ermächtigen. Auf ein Gesetz kommt etwa ein knappes Dutzend Rechtsverordnungen. Am Ende verbleiben nur zwei Bereiche der Gesetzgebung, in denen von einem Vorrang der Länder die Rede sein kann: Kultur, einschließlich Bildung, und Gefahrenabwehr bzw. Polizei. Daraus folgt, dass die Gerichte überwiegend Bundesrecht anwenden. Da außerdem die maßgeblichen Grundsätze für die Auslegung des Bundesrechts von den Bundesgerichten, vor allem vom BVerfG, entwickelt werden, bleiben den Gerichten der Länder kaum eigene Gestaltungsmöglichkeiten.

Diese Entwicklung hin zu einem unitarischen Föderalismus ist von den Ländern immer wieder beklagt worden. Änderungen des Grundgesetzes zugunsten der Länder, etwa ihre Mitspracherechte in Sachen europäischer Integration (Art. 23) oder die Erhöhung der Schwelle für bundesgesetzliche Regelungen im Bereich der konkurrierenden Gesetzgebung durch die neue Fassung des Art. 72 Abs. 2, haben diesen Trend nicht aufhalten, geschweige denn umkehren können. Die Länder sind im Wesentlichen auf den Bundesrat zur Durchsetzung ihrer Interessen angewiesen.

Von Abwehr- und Teilhaberechten zu Wertordnung und Schutzpflichten

Am Anfang galt auch für die Grundrechte die Losung »Nicht wieder Weimar«. Der Parlamentarische Rat stellte deshalb den Menschen in den Mittelpunkt und gab ihm subjektive Rechte als »Waffen des Bürgers« an die Hand. Markant formuliert, nicht vollmundig proklamiert, nüchtern und ohne soziale Versprechungen eines »Herz-Jesu-Sozialismus«, waren sie darauf ausgerichtet, gesetzwidrige Eingriffe aller staatlichen Gewalten abzuwehren (Art. 1 Abs. 3). Erste Abkehr von Weimar: Grundrechte als einklagbare Rechte, nicht weiche Programmsätze. Zweite Wende: die Beschränkung auf einen ganz überwiegend liberalen Grundrechtskatalog. In dieser Ausgangslage sollten die Grundrechte gleiche Freiheit vom Staat und gleiche Teilhabe an staatlichen Leistungen verbürgen. Unterstützt von den Grundrechtssicherungen: dem Zitiergebot des Art. 19 Abs. 1, der Wesensgehaltsgarantie des Art. 19 Abs. 2 und vor allem dem Verfahrensgrundrecht des Art. 19 Abs. 4. Dieses garantiert allen Grundrechtsträgern einen lückenlosen und effektiven gerichtlichen Rechtsschutz gegen Maßnahmen der Exekutive.

Am 15. Januar 1958 verkündete der Erste Senat des Bundesverfassungsgerichts das *Lüth*-Urteil (E 7, 198). Senatsdirektor Lüth hatte in einem offenen Brief als Vorsitzender des Hamburger Presseclubs zum Boykott der Filme des »Nazifilm-Regisseurs Nr. 1« Veit Harlan aufgerufen. Die betroffene Produktionsfirma verklagte Lüth, den Boykottaufruf künftig zu unterlassen, und hatte damit vor den Zivilgerichten Erfolg. Lüth rief daraufhin das BVerfG an. Dieses wiederum gab ihm Recht und stellte seinen Aufruf unter den Schutz der Meinungsfreiheit. In den Urteilsgründen gaben die Verfassungsrichter den Grundrechten einen doppelten Sinn: Einmal seien sie subjektive »Abwehrrechte der Bürger gegen den Staat«; zugleich aber bildeten sie in ihrer Gesamtheit auch eine »objektive Wertordnung«, die die Geltungskraft der Grundrechte verstärke. Damit bestätigte das Gericht den Geltungsvorrang der Verfassung bei der Auslegung einfachen Rechts. Der ergibt sich allerdings bereits aus Art. 1 Abs. 3 und 20 Abs. 3. Das Bürgerliche Gesetzbuch etwa müsse im Sinn und Geist der Grundrechte ausgelegt werden und dürfe ihnen nicht widersprechen.

Eine weitere Pointe der Entscheidung war die Wechselwirkungslehre, welche besagt, dass die Bedeutung eines Grundrechts auf seine Schranken ausstrahlt: Je bedeutsamer ein Grundrecht, desto mehr drängt es einschränkende Gesetze zurück. Und es sei Aufgabe des Verfassungsgerichts, die Ausstrahlungswirkung der Grundrechte, im Lüth-Fall auf das bürgerliche Recht, zu beurteilen. Damit erlegte sich das Verfassungsgericht ein enormes Arbeitsbeschaffungsprogramm auf und sorgte für eine lückenlose Überwölbung aller gesetzlichen und untergesetzlichen Normen durch das Grundgesetz. Zugleich adelte es die Meinungsfreiheit »als unmittelbarsten Ausdruck der menschlichen Persönlichkeit« und »eines der vornehmsten Menschenrechte überhaupt«, das für eine »freiheitlich-demokratische

Staatsordnung schlechthin konstituierend« sei. Ein solches Grundrecht würde also künftig nicht leicht einzuschränken sein.

Die Grundrechtsschranken sind inzwischen eine ziemlich komplizierte Angelegenheit geworden. Will der Gesetzgeber eine bestimmte Materie regeln und dabei ein Grundrecht einschränken, so genügt es nicht zu prüfen, ob sich das geplante Gesetz in den **Gesetzesvorbehalt** einfügt. Denn die Grundrechtsschranken sind, neben den oben genannten Schutzbestimmungen des Art. 19, weiteren Einschränkungen unterworfen, die der Wortlaut des Grundgesetzes nicht erkennen lässt. Diese »Schranken-Schranken« fallen dem Gesetzgeber in den Arm, wenn er in grundrechtliche Schutzbereiche eingreifen will. Sie verdeutlichen ihm, was es heißt, dass auch er gemäß Art. 1 Abs. 3 an Grundrechte gebunden ist: Erstens muss das Gesetz bestimmt und klar sein. Der Einzelne soll erkennen können, was ein Gesetz ihm gestattet oder verbietet und mit welchen Rechtsfolgen bei Gesetzesungehorsam zu rechnen ist. Zweitens darf der Gesetzgeber nur verhältnismäßige Grundrechtseingriffe vornehmen. Der **Grundsatz der Verhältnismäßigkeit** verpflichtet ihn zu einem möglichst schonenden Umgang mit den Grundrechten.

Kreativ war das BVerfG auch in anderer Hinsicht. 1975 hatte es über den von der sozialliberalen Koalition liberalisierten Abtreibungsparagraphen zu entscheiden und erklärte die so genannte »Fristenlösung« für verfassungswidrig (*Schwangerschaftsabbruch I* – E 39, 1). In den Urteilsgründen fügte es den klassischen Grundrechten eine neue Dimension hinzu: die grundrechtlichen Schutzpflichten. Das Gericht erinnerte sich an die im Lüth-Urteil entdeckte grundrechtliche Wertordnung und leitete aus dem »objektiv-rechtlichen Gehalt« des Rechts auf Leben und körperliche Unversehrtheit in Art. 2 Abs. 2 Satz 1 nun die Pflicht des Staates ab, »sich schützend und fördernd« auch vor »das werdende Leben zu stellen« und dies nicht »der völlig freien Verfügungsgewalt der Frau auszuliefern«. Grundsätzlich sei eine Abtreibung, wenn das Austragen des Kindes nicht unzumutbar ist, »strafwürdiges Unrecht«. 1990 sah der Gesetzgeber nach langen Reformbemühungen wiederum eine »Fristenlösung« vor, verstärkte den Lebensschutz jedoch durch ein Beratungskonzept für Schwangere. Über dieses Schutzgesetz musste das BVerfG knapp 18 Jahre nach seinem ersten Urteil erneut entscheiden. Nunmehr hielt es den Wechsel im Schutzkonzept für vertretbar und formulierte rätselhaft, der »beratene Abbruch« sei nicht strafbar, aber doch rechtswidrig (*Schwangerschaftsabbruch II* – E 88, 203). Dem Bundestag gab das Gericht 1993, gleich einem Notverordnungsgeber, ein detailliertes Schutzkonzept vor und handelte sich dafür scharfe Kritik ein: Es habe in die Rechte des Parlaments eingegriffen, eine »katholische« Entscheidung getroffen und Frauen, die über hinreichende Mittel zur Bezahlung eines Abbruchs verfügen, begünstigt (»Zweiklassengesellschaft«), ohne wirklich eine kinderfreundliche Gesellschaft zu fördern.

In anderen Fällen hat das BVerfG die Schutzpflichten weniger streng gehandhabt. Zweieinhalb Jahre nach dem ersten Abtreibungsurteil kam es zu einem dramatischen Test für jene umfassende grundrechtliche Schutzpflicht des Staates für jedes menschliche Leben. Seit dem 5. September 1977 befand sich der Unternehmer Hanns-Martin Schleyer in der Hand terroristischer Erpresser, die bereits zahlreiche Attentate und Morde begangen hatten. Die Entführer drohten mit seiner Erschießung, falls nicht elf seit mehreren Jahren inhaftierte Mitglieder der »Rote Armee Fraktion« (RAF) freigelassen würden. Die Situation spitzte sich durch die Entführung der Lufthansa-Maschine »Landshut« weiter zu. Vieles deutete darauf hin, dass die Bundesregierung den Erpressern nicht nachgeben würde. Der Sohn Schleyers beantragte daraufhin in Vertretung seines Vaters eine einstweilige Anordnung: Das Verfassungsgericht möge die Bundesregierung verpflichten, auf die Forderungen der Entführer einzugehen. In seiner *Schleyer*-Entscheidung (E 46, 160) bestätigte das Gericht zunächst die staatliche Schutzpflicht. Es billigte den zuständigen staatlichen Organen bei der Auswahl der Mittel jedoch einen Spielraum zu und lehnte den Antrag ab. Auffällig ist, dass die konkreten Umstände des Falles kaum eine Rolle spielten.

WIE LEBENSBEREICHE GRUND-RECHTLICH EINGEHEGT WERDEN

Die Würde des Menschen

»Die Würde des Menschen ist unantastbar. Sie zu achten und zu schützen ist Verpflichtung aller staatlichen Gewalt.« Mit diesem Paukenschlag beginnt das Grundgesetz. Er ist das Fanal für den Aufbruch in ein neues Zeitalter. Nach der Staatsvergötterung sollen nunmehr der Mensch und seine Würde im Zentrum stehen. In Art. 1 nimmt das Grundgesetz ein Thema auf, das erst nach 1945 Eingang in Verfassungen und Erklärungen der Menschenrechte fand. Angesichts der wüsten Hinterlassenschaft der Terrorregime von Nationalsozialismus und Stalinismus und des Trümmerfelds des Zweiten Weltkriegs weiß Art. 1 der Allgemeinen Erklärung der Menschenrechte von 1948 die Menschen »frei und gleich an Würde ... geboren«. Das Grundgesetz folgt dieser Spur, stellt die Garantie der Menschenwürde an die Spitze des Grundrechtskatalogs und verknüpft diese in seinem zweiten Absatz mit dem Bekenntnis zu »unverletzlichen und unveräußerlichen Menschenrechten als Grundlage jeder menschlichen Gemeinschaft«. Um keinen Zweifel an deren Geltungskraft aufkommen zu lassen, legt der folgende Absatz alle staatliche Gewalt an die Kette der Grundrechte.

Die Kommentatoren sind sich einig. Art. 1 ist etwas Besonderes: der »oberste Wert«, das »tragende Konstitutionsprinzip«, die »wichtigste Wertentscheidung« des Grundgesetzes, durch Art. 79 Abs. 3 vor jeder Änderung geschützt. Streit herrschte lange jedoch über die

Frage, welchen Rechtscharakter die Garantie der Menschenwürde denn habe. Eine Art Präambel zu den Grundrechten, ein oberster Grundsatz oder ein Grundrecht? Letztlich setzte sich die Auffassung durch, dass die Gewährleistung der Menschenwürde nach ihrer Entstehungsgeschichte und Stellung im Grundgesetz wohl auch als Grundrecht anzusehen ist, außerdem als eine Grundsatznorm, die andere Grundrechte – soweit diese den Menschenwürdeschutz weiter ausformen – verstärkt.

Den Schutzbereich des Art. 1 zu bestimmen bereitet den Kommentatoren zum Grundgesetz erhebliche Schwierigkeiten. Würde negativ zu definieren fällt leicht. Der Aufschrei eines Gefolterten, die Pein eines in aller Öffentlichkeit Verhöhnten enthält zugleich die stumme Klage verletzter Würde. Wie aber lässt sich der Schutzbereich positiv eingrenzen? Hier konkurrieren drei Ansätze. Eine an naturrechtlichen Vorstellungen orientierte Lehre, die Mitgifttheorie, umschreibt Würde als von Gott gegebene bzw. natürliche Ausstattung des Menschen. Dagegen sieht die Leistungstheorie das Entscheidende in einer selbst bestimmten menschlichen Leistung. Würde bezeichnet demnach die »gelungene Selbstdarstellung«. Neuerdings ist eine Auffassung im Vormarsch, die Würde als Beziehung begreift. Folglich ist Würde nicht etwas, das man immer schon »hat«, sondern erst durch soziale Achtung und Anerkennung erwirbt. Die Brandenburgische Verfassung von 1992 formuliert dies knapp und eindrucksvoll in Art. 7 Abs. 2 als eine wechselseitige Verpflichtung der Bürgerinnen und Bürger: »Jeder schuldet jedem die Anerkennung seiner Würde.«

Was heißt das praktisch? Einmal, dass jede verächtliche und erniedrigende Behandlung von Menschen strikt untersagt ist. Eine Ausnahme gibt es auch nicht für die vereinzelt geforderte »Rettungsfolter«. Art. 1 wie übrigens auch völker- und europarechtliche Normen verbieten der Polizei, einen Tatverdächtigen etwa dann zu foltern, wenn dadurch das Leben anderer gerettet werden könnte. Würde, sagen Juristen, lässt sich gegen andere Rechtsgüter nicht abwägen.

Gerade dieser Aspekt – die Nichtabwägbarkeit der Würde – spielt eine Rolle in der aktuellen Bioethik-Debatte. Genießt der menschliche Embryo im Mutterleib oder auch die befruchtete Eizelle in der Petrischale den vollen Würdeschutz, dann ist jeder Eingriff absolut untersagt. Kommt ihm jedoch nur der nicht absolute Lebensschutz zu, dann kann dieses Recht auf Leben »abgewogen« werden gegen andere Grundrechte, wie das Recht auf Leben und Gesundheit der Mutter, das Elternrecht oder die Forschungsfreiheit von Präimplantationsdiagnostikern. Der Ausgang dieser Debatte ist derzeit offen.

Zweitens ist Würde unverlierbar und darf nicht erzwungen werden. Jeder besitzt sie als Mensch – ohne Rücksicht auf Leistung, Eigenschaften und soziale Stellung. Das übersah das Bundesverwaltungsgericht (BVerwG), als es Frauen unter Verweis auf die Verletzung ihrer Menschenwürde die freiwillige Mitwirkung bei Peep-Shows untersagte. Die Richter unterschieden fein, aber unplausibel zwischen Striptease und Peep-Show: Während die Striptease-Darstellerin sich in einem Rahmen bewege, der »die personale Subjektsituation unberührt« lasse, werde »bei der Peep-Show der Frau eine entwürdigende, objekthafte Rolle zugewiesen« (BVerwGE 64, 274). Und das müsse der Staat verbieten. Hier irrt das Bundesverwaltungsgericht. Der Staat darf ein würdiges Verhalten nicht erzwingen. Tut er dies dennoch, so ist er es, der die Menschenwürde verletzt, und sei das Eingreifen auch noch so gut oder fürsorglich gemeint.

Das jedenfalls folgt aus der Rechtsprechung des Bundesverfassungsgerichts. Ein Eingriff in den Schutzbereich von Art.1 liegt danach stets dann vor, wenn der Mensch zum »bloßen Objekt des Staates« erniedrigt wird. Beispiele: Art.1 untersagt unmenschliche, grausame Strafen und demütigende Haftbedingungen. Menschenwürde gebietet, dem Straftäter die Möglichkeit zur Wiedereingliederung in die Gesellschaft zu geben. Ausweisung, Abschiebung und Auslieferung sind nicht zulässig, wenn dem Betroffenen eine menschenunwürdige Behandlung, insbesondere Folter, oder die Todesstrafe droht. Den Willen eines Tatverdächtigen durch Gehirnwäsche oder Hypnose zu brechen verletzt die Menschenwürde. Ebenso der Entzug oder die Besteuerung des Existenzminimums. Schließlich gebietet der Schutz der Menschenwürde, dass der Staat dem Einzelnen Hilfe leisten muss, wenn dieser sich ohne eigenes Verschulden nicht selbst erhalten kann.

Der Schutz des Privaten

In räumlicher und sachlicher Nähe zur Garantie der Menschenwürde stehen die Grundrechte, die eben jene Selbstbestimmung konkretisieren, deren Schutz Art. 1 als Grundsatznorm gewährleistet. Sie hegen einen Raum der Intimität und Privatheit ein, in dem sich eine Person ungezwungen entfalten, bewegen, aufhalten und ihr Leben gestalten kann. Dieser Raum ist zugleich ein Schutzraum, in den sich eine Person zurückziehen und aus dem heraus sie sich mit anderen verständigen kann. Obwohl unsichtbar, existieren die Grenzen dieses Raumes. Die Grundrechtsträger können sie nach eigenem Gutdünken verschieben und überschreiten. Sie treten zu Tage, wenn staatliche Gewalt oder andere Personen unberechtigt in die Intim- und Privatsphäre eindringen und die Wohnung überwachen, Briefe öffnen, Tagebücher auswerten, Krankenakten lesen, heimliche Aufnahmen machen, persönliche Daten speichern, eine bestimmte Kleidung oder Haartracht vorschreiben, zu einem Verhör vorladen oder das Gewissen ausforschen.

Mit einem Kranz sich ergänzender und zum Teil überlappender Schutzbereiche verfasst das Grundgesetz diese Intim- und Privatsphäre und gibt ihnen Kontur: Art. 2 Abs. 1 verbürgt die freie Entfaltung der Persönlichkeit und das allgemeine Persönlichkeitsrecht. Er fungiert dabei als Auffanggrundrecht. Das heißt, die allgemeine Handlungsfreiheit tritt zurück, wenn spezielle Grundrechtsgarantien eingreifen. Ihre Funktion besteht vor allem darin, Lücken zu schließen, etwa bei dem Abschluss von Verträgen, der Gurtpflicht, dem Genuss von Alkohol oder Haschisch, der individuellen Gestaltung von Freizeit und Erholung. Die allgemeine Handlungsfreiheit entfaltet sich als Schutz von Autonomie und Aktivität. Jeder/jede soll frei entscheiden, was er/sie tun oder lassen will, solange die Rechte anderer nicht verletzt werden. Oder, wie es in Art. 4 der französischen Erklärung der Menschen- und Bürgerrechte heißt: »Die Freiheit besteht darin, alles tun zu können, was einem anderen nicht schadet...« Wir werden auf dieses Recht bei der Vertragsfreiheit zurückkommen.

Das Allgemeine Persönlichkeitsrecht schützt demgegenüber die Identität und Integrität. Es ist eine Schöpfung der Rechtsprechung des BVerfG. Abgeleitet aus der allgemeinen Handlungsfreiheit und dem Schutz der Menschenwürde, gilt es der Selbstbestimmung, Selbstbewahrung und Selbstdarstellung. Es garantiert dem Einzelnen unter anderem, selbst über seinen Namen zu entscheiden, seine Geschlechtsrolle zu finden oder zu erfahren, wer sein Vater ist. Als Recht der Selbstbewahrung verbürgt es allen, sich abzuschirmen und sich zurückzuziehen. Das Recht der Selbstdarstellung umschließt den Schutz der persönlichen Ehre, das Recht am eigenen Bild, den Schutz vor heimlichem Mit- oder Abhören. An diese Rechte anknüpfend, hat das BVerfG im Volkszählungsurteil ein umfassendes Recht auf informationelle Selbstbestimmung zum Schutz der persönlichen Daten entwickelt (E 65, 1). Jeder soll grundsätzlich wissen und bestimmen, wer was wann über ihn weiß.

Art. 2 Abs. 2 Satz 1 schützt die körperliche und seelische Integrität der Person, ihr Leben und ihre Bewegungsfreiheit. Das Recht auf Leben beginnt vor der Geburt und endet mit dem Tod. Es schließt das Recht auf Selbsttötung und darauf ein, nicht entgegen dem eigenen Willen einer lebensverlängernden Behandlung ausgesetzt zu werden. Es verbietet staatlichen Mord (Euthanasie), nicht aber eine Sterbehilfe, die das Sterben erleichtert oder entsprechend dem Willen eines Patienten verkürzt. Das Recht auf körperliche Unversehrtheit verbietet Menschenversuche, Zwangskastration, körperliche Strafen und Züchtigungen. Die Freiheit der Person umfasst als körperliche Bewegungsfreiheit das Recht, jeden beliebigen, nahen oder fernen Ort aufzusuchen oder zu meiden. Freiheitsstrafen, Haft, Unterbringung in einer Anstalt und wohl auch das Nachsitzen eines Schülers greifen in diese Freiheit ein. Zu unterscheiden sind einerseits der Freiheitsentzug, verbunden mit dem Zwang, an einem eng umgrenzten Ort bleiben zu müssen, und andererseits weniger drastische Freiheitsbeschränkungen, wie polizeiliche Vorladungen und Vorführungen. Als intensivster Eingriff in die Bewegungsfreiheit bedarf die lebenslange Freiheitsstrafe einer besonders strengen Prüfung. Gerechtfertigt ist sie nach Auffassung des Bundesverfassungsgerichts nur, wenn der Verurteilte auf Begnadigung und auf die Aussetzung der Vollstreckung hoffen darf (E 45, 187). Wäre dies nicht der Fall, verstieße ein lebenslanger Freiheitsentzug auch gegen den Schutz der Menschenwürde.

S.102 Art. 4 verbürgt die Glaubens- und **Religionsfreiheit**, die Freiheit der Weltanschauung und des Gewissens. Betroffen ist hier jener innerste Bereich des Menschen, in den niemand Einblick haben soll. Die Gewissensfreiheit schützt die menschliche Identität. Sie gestattet allen, nach eigener Entscheidung »Gutes« oder »Richtiges« zu tun und »Böses« oder »Falsches« zu unterlassen. Der Schutz des Gewissens reicht vom Denken über das Äußern bis zum Handeln nach den Vorschriften, die keine Laune, sondern höchst ernsthaft das Gewissen diktiert. Eine besondere Ausprägung hat die Freiheit, ohne Gewissensnot handeln zu dürfen, im Recht der Kriegsdienstverweigerung gefunden (Art. 4 Abs. 3). Die Gewissensfreiheit wirft ein praktisches Problem auf: Wie kann man von außen erkennen, wozu das Gewissen verpflichtet? Sicher ist, dass der Staat niemanden dazu zwingen darf, eine Gewissensentscheidung in allen Einzelheiten offen zu legen. Dennoch stellt der Schutz des Gewissens keinen Freibrief aus, alles Mögliche unter Berufung auf das Gewissen abzulehnen. Daher kann eine glaubhafte Begründung verlangt werden, die eine »ernste sittliche, an den Kategorien von ›Gut‹ und ›Böse‹ orientierte Entscheidung« erkennen lässt. Wer den Kriegsdienst mit der Waffe verweigert, muss darlegen, dass er das Töten ablehnt.

Wie die Gewissensfreiheit den »inneren Dialog« in Schutz nimmt, garantiert das Brief-, Post- und Fernmeldegeheimnis (Art.10) den »äußeren« – die vertrauliche Verständigung mit anderen. Der Schutzbereich umfasst nicht nur die traditionelle Kommunikation mittels Brief, Telegramm, Telefon und Funk, sondern auch die Kommunikation mittels neuer Medien, wie Mobilfunk und Internet. Mit diesen Medien werden große räumliche Distanzen zwischen Absender und Empfänger überbrückt. Dadurch können Dritte besonders leicht auf die private Kommunikation zugreifen. An die Verhältnismäßigkeit von Gesetzen, die das Mit- oder Abhören oder das heimliche Lesen gestatten, sind daher strenge Anforderungen zu stellen. Sie gelten nicht nur für den Staat, sondern auch für die privaten Träger der Kommunikationsmedien.

Die Unverletzlichkeit der Wohnung (Art.13) gibt der Privatsphäre die deutlichsten räumlichen Konturen. Dem Einzelnen soll zur freien Entfaltung ein »elementarer Lebensraum« und darin das Recht gewährleistet werden, »in Ruhe gelassen zu werden«. Das BVerfG hat auch die Betriebs- und Geschäftsräume in den Schutzbereich von Art.13 einbezogen wegen der Bedeutung, die Arbeit, Beruf und Gewerbe für die Selbstverwirklichung haben. Typische Eingriffe sind Durchsuchungen, Abhöraktionen und die – im Februar 2004 teilweise für verfassungswidrig erklärten – »Lauschangriffe«.

Die Garantien öffentlicher Freiheit

Die Kommunikations- und Beteiligungsgrundrechte haben eine andere Stoßrichtung. Sie erstrecken ihre Schutzbereiche über das »Private« hinaus und sollen vor allem gewährleisten, dass sich alle Bürgerinnen und Bürger in der Öffentlichkeit frei informieren, äußern, betätigen und organisieren können. Wer diese Freiheiten öffentlich in Anspruch nimmt, verlässt die Privatsphäre und betritt den ebenso unsichtbaren öffentlichen Raum einer Gesellschaft.

Im Zentrum dieser Grundrechtsgarantien steht die Meinungsfreiheit (Art. 5 Abs. 1 Satz 1). Um sie herum gruppieren sich die Informations- und Pressefreiheit, die Freiheit der Rundfunk- und Filmberichterstattung (Art. 5 Abs. 1 Satz 1 und 2) sowie die Freiheit von Kunst und Wissenschaft (Art. 5 Abs. 3). Mit der Versammlungs- und Demonstrationsfreiheit (Art. 8 Abs. 1) setzt sich die Meinungsfreiheit gleichsam in Bewegung. Die Vereinigungsfreiheit (Art. 9 Abs. 1) ermöglicht, Meinungen und, allgemeiner, Vorstellungen vom richtigen Leben zu organisieren und in Vereinen zur Geltung zu bringen. Im Verbund verbürgen diese Grundrechte die Freiheit zu ungezwungener, öffentlicher Kommunikation.

Diese Freiheiten können allerdings auch weniger »sichtbar« in Anspruch genommen werden. Als negative Freiheiten legen sie einen Schutzring um die Privatsphäre, wenn sich die Grundrechtsträger auf ihr Recht berufen, in Ruhe gelassen zu werden, also nichts meinen und bekennen zu müssen, nicht verpflichtet zu sein, an einer staatlich organisierten Versammlung teilzunehmen oder einer Organisation beizutreten. Wird also ein Hersteller von Tabakprodukten gesetzlich verpflichtet, auf seinen Produkten den Hinweis »Rauchen gefährdet die Gesundheit« anzubringen, so berührt diese Pflicht seine negative (kommerzielle) Meinungsfreiheit. Wird dagegen durch einen Zusatz wie »Die EG-Gesundheitsminister« ein anderer Autor dieser Warnung kenntlich gemacht, dann wird der Tabakhersteller nicht gezwungen, eine fremde Meinung als eigene zu äußern. Eingeschränkt wird die Ausübung seines Berufs.

Öffentliche Freiheit hat einen dreifachen Sinn: Erstens soll die Persönlichkeit durch ungestörte Bildung von Überzeugungen innerhalb und durch freie Äußerung außerhalb des »Hauses«, in aller Öffentlichkeit, im Austausch mit anderen entfaltet werden können. Insofern konkretisieren die eben genannten Grundrechte die allgemeine Handlungsfreiheit und gehen dieser als spezielle Freiheitsgarantien vor. Wer demonstriert, bewegt sich im Schutzbereich der Versammlungsfreiheit. Folglich muss und kann er sich nicht auf die allgemeine Handlungsfreiheit berufen.

Zweitens geben die Kommunikationsfreiheiten genauere Auskunft darüber, was mit jener Selbstbestimmung gemeint ist, in der die Würde des Menschen gründet. Zum Beispiel sich frei äußern und für die eigene Meinung öffentlich eintreten zu können. Insofern besteht eine enge Verbindung zwischen den Kommunikationsgrundrechten und der Garantie der Menschenwürde, die ihre Stoßkraft verstärkt.

Drittens lebt eine Demokratie davon, dass die Bürgerschaft von ihren Rechten öffentlich Gebrauch macht und sich an den gemeinsamen Geschäften der Gesellschaft möglichst aktiv beteiligt. Ohne freie Kommunikation bricht die Öffentlichkeit in sich zusammen. Ohne öffentliche Sphäre kein öffentlicher Diskurs und keine Demokratie. Folglich steigert diese die Wertschätzung für die Meinungs-, Versammlungs- und Vereinigungsfreiheit.

Kommunikative Entfaltung, so glaubte man vor allem im 19. Jahrhundert, ist am meisten durch den Staat gefährdet. Gegen diesen wurden folglich die »Konnexgarantien« öffentlicher Freiheit als Abwehrwaffen der Bürger geschmiedet. Es war in Vergessenheit geraten, dass sich Grundrechte historisch gegen die feudale Ordnung, also auch gegen herrschende gesellschaftliche Mächte richteten. In zwei relativ frühen Leitentscheidungen *Lüth*, von der bereits die Rede war, und *Blinkfüer* erinnerte das BVerfG an die doppelte Stoßrichtung der Grundrechte und justierte sie gegen staatliche Gewalten und zugleich gegen gesellschaftliche oder wirtschaftliche Mächte.

Der *Blinkfüer*-Fall: Die unbedeutende, regionale Zeitschrift »Blinkfüer« druckte auch die Rundfunkprogramme der DDR ab. Nach dem

Bau der Berliner Mauer nahm der Verleger der marktbeherrschenden Springer-Verlagsgruppe daran Anstoß. Er forderte alle Zeitungshändler zum Boykott des Blinkfüer auf. Den »lieben Geschäftsfreunden«, die seinem Appell nicht folgten, drohte er eine Liefersperre an. Der Umsatz von Blinkfüer ging daraufhin erheblich zurück. Dessen Herausgeber verklagte den Springer-Verlag auf Schadensersatz wegen vorsätzlicher, sittenwidriger Schädigung (§ 826 BGB) und unterlag vor dem Bundesgerichtshof. Das BVerfG sah die Sache anders. Es korrigierte die Asymmetrie zwischen Großverleger und kleinem Herausgeber mit Hilfe der Grundrechte: Ersterer habe mit dem Einsatz wirtschaftlicher Druckmittel die Grenzen seiner Meinungsfreiheit überschritten und die Pressefreiheit von Blinkfüer verletzt. Mit ihrem Urteil stellten die Verfassungsrichter klar: Grundrechte gelten grundsätzlich auch im Verhältnis Privater zueinander, allerdings nicht unmittelbar. Vielmehr strahlen sie auf das Privatrecht aus und nehmen über die »das jeweilige Rechtsgebiet unmittelbar beherrschenden Vorschriften«, vor allem über die Generalklauseln, Einfluss auf bürgerlich-rechtliche Streitigkeiten (*Blinkfüer* – E 25, 256). Diese Ausstrahlung, die die gleiche Freiheit aller schützen soll, nennt man mittelbare Drittwirkung der Grundrechte.

Im *Blinkfüer*-Urteil machte das BVerfG zugleich deutlich, worin der Sinn dieses Grundrechts liegt. Nämlich »im geistigen Kampf der Meinungen«. Wer keine Argumente einsetzt, sondern etwa blanke Macht oder gar handgreifliche Gewalt, bewegt sich außerhalb des grundrechtlichen Schutzbereichs. In späteren Entscheidungen hat sich das Verfassungsgericht vom Bild der »rein geistigen Auseinandersetzung« und dem klassisch-liberalen Marktmodell des Austauschs von Argumenten entfernt und auch robustere Formen der öffentlichen Kommunikation zugelassen. Im *Brokdorf*-Urteil stellte es die »körperliche Sichtbarmachung von Überzeugungen« und »nötigende Einwirkungen« unter den Schutz der Versammlungsfreiheit und mutete Dritten zu, unvermeidbare »Belästigungen« zu ertragen (E 69, 315).

Der Schutzbereich der Meinungsfreiheit ist weit: Meinung ist jede Aussage, die ein Element der Stellungnahme enthält. Meinungen können politische oder unpolitische, öffentliche oder private Angelegenheiten betreffen. Sie können mündlich, schriftlich oder auf andere Weise geäußert werden. Sie verlieren ihren grundrechtlichen Schutz auch nicht dadurch, dass sie scharf, emotional oder verletzend geäußert werden. Was man äußert, muss nicht »stimmen«; denn Meinungsfreiheit ist immer auch Freiheit zum Irrtum. Freilich garantiert Art. 5 Abs. 1 Satz 1 nicht das Recht zur Lüge. Erwiesen oder bewusst unwahre Tatsachenbehauptungen werden nach Auffassung des BVerfG von seinem Schutz nicht umfasst. Der Grund: die »unrichtige Information ist kein schützenswertes Gut«, weil sie zur Meinungsbildung nichts beitrage. Allerdings stellt das Gericht keine strengen Anforderungen an die Wahrheitspflicht, zumal Tatsachenbehauptungen in aller Regel mit einer wertenden Stellungnahme verbunden sind.

Der weite Schutzbereich kann, soweit erforderlich, durch die Rechtfertigung von Eingriffen korrigiert werden. Drei Schranken ergeben sich aus Art. 5 Abs. 2: der Schutz der Jugend und der persönlichen Ehre sowie Schutzgüter, die von allgemeinen Gesetzen eingehegt werden. In jedem Fall muss sorgfältig abgewogen werden, ob die Meinungsfreiheit oder eine gesetzliche Schutznorm Vorrang hat. Dabei spricht in allen Fragen, die die Öffentlichkeit wesentlich berühren, eine Vermutung zugunsten der freien Rede. Was heißt das praktisch? Wer jemanden beleidigt oder verleumdet, kann sich regelmäßig nicht auf die Meinungsfreiheit berufen. Ebenso wenig derjenige, der ein Zitat oder Interview »erfindet« oder manipuliert.

Ein umstrittener Fall ist die Leugnung der Judenverfolgung durch das Nazi-Regime, missverständlich »Auschwitz-Lüge« genannt. § 130 Abs. 3 StGB stellt dies als Volksverhetzung unter Strafe. Streng genommen handelt es sich hierbei nicht um ein allgemeines Gesetz, wie es Art. 5 Abs. 2 verlangt. Anders als etwa § 185 StGB, der allgemein und ohne nähere Bestimmung Beleidigungen unter Strafe stellt, verbietet § 130 Abs. 3 StGB ja eine bestimmte Äußerung. Eben die Leugnung oder Verharmlosung des Holocaust. Das BVerfG meinte jedoch: »Bei der untersagten Äußerung, daß es im Dritten Reich keine Judenverfolgung gegeben habe, handelt es sich um eine Tatsachenbehauptung, die nach ungezählten Augenzeugenberichten und Dokumenten, den Feststellungen der Gerichte in zahlreichen Strafverfahren und den Erkenntnissen der Geschichtswissenschaft erwiesen unwahr ist.« (*Auschwitzlüge* – E 90, 241). Deutlicher als das BVerfG hob der Bundesgerichtshof (BGH) in einer einschlägigen Entscheidung hervor, es gehe weniger um Tatsache oder Meinung, sondern um die besondere Situation und Schutzbedürftigkeit der in der Bundesrepublik lebenden Juden: »Es gehört zu ihrem personalen Selbstverständnis, als zugehörig zu einer durch das Schicksal herausgehobenen Personengruppe begriffen zu werden, der gegenüber eine besondere moralische Verantwortung aller anderen besteht, und das Teil ihrer Würde ist... Wer jene Vorgänge zu leugnen versucht, spricht jedem einzelnen von ihnen diese personale Geltung ab, auf die sie Anspruch haben.« (BGHZ 75, 160)

Ein ähnliches Muster – Bezug zur Entfaltung der Persönlichkeit, Selbstbestimmung und Demokratie, daher ein weiter Schutzbereich und dessen Korrektur durch die Rechtfertigung von Eingriffen – findet sich auch bei Art. 8, der die Versammlungsfreiheit und mit dieser die Demonstrationsfreiheit als Bürgerrecht garantiert. Fast einig sind sich Lehre und Rechtsprechung nur hinsichtlich der formalen Aspekte von Versammlungen: Wo sich mindestens zwei – zum Teil wird angenommen: drei oder sieben – zu einem gemeinsamen Zweck zusammenfinden, liegt eine Versammlung vor. Art. 8 schützt folglich weder die zufällige Ansammlung, wie etwa den Menschenauflauf bei einem Verkehrsunfall, noch Zusammenkünfte »ohne innere Verbindung«, wie etwa Zuschauer im Fußballstadion oder Theater. Doch danach beginnt der Streit zwischen den Anhängern eines engen und eines weiten Versammlungsbegriffs. Die Sichversammelnden müssen einen Beitrag zur öffentlichen Meinungsbildung leisten, sagen die Anhänger eines engen Versammlungsbegriffs. Sie sehen Art. 8 als Ergänzung zu Art. 5 Abs. 1. Der weiten Auffassung genügt dagegen die Erörterung irgendwelcher, also nicht unbedingt öffentlicher Angelegenheiten. Diese Ansicht hat für sich, dass in Art. 8 von Meinungsbildung nicht die Rede ist. Gewiss, historisch war der Kampf um die Versammlungsfreiheit in erster Linie darauf ausgerichtet, dem Staat einen Freiraum für politische Zusammenkünfte und Aufzüge abzuringen. Das schließt jedoch nicht aus, andere Treffen in Schutz zu nehmen. Sinn der Versammlungsfreiheit ist ja gerade, das Zusammenkommen mit anderen zu ermöglichen. Also auch neue Formen des Sichversammelns zu schützen, wie Friedensmärsche, Go-ins, Happenings, Platzbesetzungen, Menschenketten und Mahnwachen. Es geht also nicht an, Versammlungen auf ein herkömmliches Bild des Politischen festzulegen. Könnte der Staat ein Versammlungsbild vorschreiben, hätte er es in der Hand, den grundrechtlichen Schutz für ihm unliebsame Proteste zu verkürzen. Das Bundesverfassungsgericht, an sich großzügig bei der Ausmessung von Schutzbereichen, hat in neueren Entscheidungen für Veranstaltungen einen »beliebigen gemeinsamen Zweck« gelten lassen. Eine Ausnahme hat es jedoch bei kommerziellen Aufzügen wie der Love-Parade gemacht. Begründung: Keine Versammlung im Sinne von Art. 8, da die Teilnehmer nicht als Akteure, sondern nur als Konsumenten in Erscheinung treten.

Art. 8 Abs. 1 begrenzt den Schutzbereich sowohl bei Versammlungen in geschlossenen Räumen als auch unter freiem Himmel auf friedliche Versammlungen ohne Waffen. Der Begriff der Waffe ist mittlerweile einigermaßen bestimmt, seitdem Schutzgegenstände, wie Gasmasken und Schutzbrillen, nicht mehr als Waffen angesehen werden. Die Friedlichkeit wirft demgegenüber erhebliche Deutungsprobleme auf. Traditionell wurde sie negativ definiert: Eine Versammlung darf keinen gewalttätigen oder aufrührerischen Verlauf nehmen. Heute gilt eine Versammlung als unfriedlich, wenn nicht nur einzelne Teilnehmer erheblich und aggressiv körperlich auf Personen oder Sachen einwirken und die Mehrheit oder die Versammlungsleiter die »Randale« dulden oder sogar billigen. Sitzblockaden sind ein Paradebeispiel für die Deutungskämpfe in puncto Friedlichkeit: In der untergerichtlichen Rechtsprechung war lange Zeit umstritten, ob Sitzdemonstranten, die sich passiv verhalten, gleichwohl nach § 240 StGB wegen der Anwendung nötigender Gewalt strafbar sind. Das BVerfG hatte dreimal Gelegenheit, dazu Stellung zu nehmen. Zweimal bestätigte die Richtermehrheit das Verdikt der Unfriedlichkeit. 2001 änderte der Erste Senat seinen Kurs: Die Ankettung der Teilnehmer der Blockadeaktion an das Tor der Wiederaufbereitungsanlage Wackersdorf führe weder zur Gefährlichkeit und damit zur Unfriedlichkeit, noch stelle sie eine verwerfliche Nötigungshandlung dar (*Sitzblockade III* – E 104, 92).

S. 111   Der **Gesetzesvorbehalt** in Art. 8 Abs. 2 betrifft nur Versammlungen unter freiem Himmel. Dieser Vorbehalt ist vor allem durch das Versammlungsgesetz (VersG) ausgefüllt worden. Weitere Einschränkungen enthalten beispielsweise die Polizeigesetze der Länder, Bannmeilengesetze und das Straßenverkehrsrecht.

Ein Gesetzesvorbehalt gibt dem Gesetzgeber keinen Blankoscheck. So ist auch bei allen gesetzlichen Regelungen, die Art. 8 Abs. 1 einschränken, zu beachten, dass die Einschränkung nicht im Widerspruch zur Versammlungsfreiheit steht oder diese übermäßig einschränkt. Ein Beispiel für einen derartigen Widerspruch: § 14 VersG sieht für öffentliche Versammlungen eine Anmeldepflicht vor. Folglich wären Spontan- oder Eilversammlungen stets gesetzeswidrig, da sie nicht 48 Stunden vorher angemeldet werden können. Art. 8 Abs. 1 soll aber auch spontane Zusammenkünfte schützen, also muss der Rechtsbefehl von § 14 VersG durch Auslegung geändert werden. Diese Vorschrift ist also so zu lesen, dass die Anmeldepflicht nicht für

Spontan- oder Eilversammlungen gilt. Man nennt eine solche methodische Operation **verfassungskonforme Auslegung**.

S. 120

Die Garantien wirtschaftlicher Betätigung

Berufsfreiheit, Eigentumsgarantie und allgemeine wirtschaftliche Handlungsfreiheit bilden den grundrechtlichen Kern der Wirtschaftsverfassung. Dieses Dreieck verbürgt dem *homo oeconomicus*, durch Beruf oder Gewerbe wirtschaftliche Güter herzustellen oder zu erwerben (Art. 12 Abs. 1), solche Güter zu haben und über sie zu verfügen (Art. 14 Abs. 1) und sich im weitesten Sinne wirtschaftlich zu betätigen, also auch Verträge zu schließen, sich am Wettbewerb zu beteiligen und für seine berufliche Tätigkeit und Produkte zu werben (Art. 2 Abs. 1). Wie die öffentlichen Freiheiten konkretisieren auch die ökonomischen, was mit freier Entfaltung der Persönlichkeit und Selbstbestimmung gemeint ist. Allerdings fehlt ihnen der Bezug zur Demokratie. In ihrem Zentrum steht nicht der *homo politicus*, der sich an den gemeinsamen Geschäften der Gesellschaft beteiligt, der die öffentliche Meinungsbildung anregen oder auch öffentliche Aufmerksamkeit erregen will. Sie nehmen vielmehr das Individuum in Schutz, das nichts anderes im Sinn hat, als sich eine eigene Existenz aufzubauen, sich auf den Märkten gegenüber anderen Wettbewerbern durchzusetzen, Gewinne zu erzielen oder auf sonstige legale Weise ein Privatvermögen anzuhäufen. Kurz: es handelt sich um »egoistische« Grundrechte, die dem Besitzindividualismus einen festen Platz im Grundgesetz verschaffen.

Deutlicher als die öffentlichen Freiheiten geben diese Grundrechte ihre historische Stoßrichtung gegen Staat und gegen Feudalmächte zu erkennen. Wie die Forderung nach der Garantie privaten Eigentums entspringt die Berufs- und Gewerbefreiheit dem Kampf gegen die Gewerbe- und Güterordnung der Ständegesellschaft. Gemeinsam sollen diese Grundrechte allen Formen der Zwangsarbeit und persönlichen Untertänigkeit ein Ende setzen. Mit »freier« Lohnarbeit, individuellem Profitstreben und der Möglichkeit, Eigentum zu erwerben, stellen diese Garantien zugleich die nach klassisch-liberaler Theorie wichtigsten Voraussetzungen ökonomischen Wachstums bereit. Sie beenden das Regime der Zünfte, die den Zugang zum Handwerk und dessen Ausübung bis ins letzte Detail reglementierten. Sie beseitigen Grundherrschaft und Lehenspyramide und lösen Bauern und Grundherren aus dem gegenseitigen Geflecht von Abgaben und Dienstleistungen. Diese Grundrechte stellen mit ihren Rechtsinstituten Eigentum, Beruf und Vertrag die Feudalgesellschaft auf eine Wirtschaftsgesellschaft um.

Diese Umstellung wurde zwar von den Vorläufern des Grundgesetzes, der Paulskirchenverfassung von 1849 und der Weimarer Verfassung vorbereitet. Gleichwohl hatte sich die freie wirtschaftliche Betätigung nur eingeschränkt durchsetzen können. Allein das Alter – die ursprüngliche Fassung der Gewerbeordnung stammt von 1869 – und ihre detaillierten Regelungen zeigen an, wie lange schon und wie intensiv der Staat ein relativ strenges Regiment über die Gewerbe führte. Noch heute weisen die Kontroversen um Ladenschlusszeiten und um die Reform der Handwerksordnung (teilweise Abschaffung der Meisterprüfung) darauf hin, dass auch Art. 12 nicht mit einem Schlag ein Reich völliger beruflicher Freiheit begründete.

In die Tradition staatlicher Wirtschaftskontrolle fügt sich auch die Auslegung des Grundgesetzes durch das BVerfG ein. Auf den ersten Blick enthält Art. 12 verschiedene Schutzbereiche: die Freiheit der Berufswahl, der Wahl des Arbeitsplatzes und der Ausbildungsstätte sowie die Freiheit der Berufsausübung. Die Karlsruher Richter haben den an sich klaren Wortlaut jedoch anders gelesen und einen einheitlichen Schutzbereich der Berufsfreiheit angenommen. Der Pferdefuß dieser Lesart: Damit erstreckt sich auch der Regelungsvorbehalt des zweiten Satzes von Art. 12 nicht nur auf die Ausübung, sondern zugleich auf die Wahl eines Berufs. Der Gesetzgeber erhält auf diese Weise mehr Eingriffsbefugnisse, als sie der Wortlaut eigentlich vorsieht.

Die Freiheit, nach eigenem Gutdünken irgendeine Tätigkeit zum »Beruf« zu machen, wird in einem ersten Schritt durch den Berufsbegriff eingeschränkt. Nur erlaubte, auf eine gewisse Dauer angelegte Tätigkeiten, die auf die Sicherung der Existenz angelegt sind, gelten als Beruf im Sinne von Art. 12 Abs. 1. »Professionelle« Räuber, Rauschgifthändler, Zuhälter oder Spione können sich daher aus nahe liegenden Gründen nicht auf den Schutz der Berufsfreiheit berufen. Das Gleiche gilt für den Amateur oder Hobbybastler, dessen Tätigkeit nicht der Schaffung einer Existenzgrundlage dient. Umstritten war lange Zeit, ob Prostituierte oder Schwarzarbeiter einem Beruf nachgehen oder einer verbotenen bzw. sittenwidrigen Tätigkeit, die keinen grundrechtlichen Schutz verdient. Letztlich hat sich die Auffassung durchgesetzt, dass sowohl Prostitution als auch Schwarzarbeit zwar ihre Grenzen an gewissen rechtlichen Schranken finden, dennoch aber in den Schutzbereich der Berufsfreiheit fallen.

Komplizierter als der Berufsbegriff sind die Lehren zu den Eingriffen. Den Grundstein legte das BVerfG bereits in seinem *Apotheken*-Urteil von 1958 (E 7, 377). Die Verfassungsrichter hatten über die Verfassungsbeschwerde eines angestellten Apothekers A zu entscheiden, dem die Betriebserlaubnis zur Eröffnung einer eigenen Apotheke versagt worden war. Die zuständige Behörde hatte seinen Antrag unter Hinweis auf das fehlende öffentliche Interesse abgelehnt. Für die Versorgung der 6000 Einwohner von Traunreut mit Arzneimitteln genüge die vorhandene Apotheke. Eine weitere wäre wirtschaftlich nicht gesichert und würde überdies die wirtschaftliche Grundlage der bereits bestehenden gefährden. Das Bundesverfassungsgericht stellte auf den über 50 Seiten seiner Urteilsbegründung detaillierte Überlegungen zum System der Arzneimittelabgabe, zur Berufsmoral der Apotheker und zu deren Auswirkungen auf die Volksgesundheit an. Es kam zu dem Ergebnis, das Apothekengesetz schränke die Niederlassungsfreiheit übermäßig ein. A durfte eine zweite Apotheke in Traunreut eröffnen.

Von Interesse ist weniger das Ergebnis als vielmehr die Begründung. Mit dieser baute das BVerfG den **Grundsatz der Verhältnismäßigkeit** in die Berufsfreiheit ein. Ausgehend von den unterschiedlichen Phasen eines Berufs, unterschied es Eingriffe in die Berufswahl von Eingriffen in die Berufsausübung. Zugleich differenzierte es die Eingriffe in die Berufswahl sowie neuerdings auch in die Ausübung zusätzlich nach ihrer Art und Intensität. Diese Eingriffslehre hat Folgen für die verfassungsrechtliche Rechtfertigung von Einschränkungen der Berufsfreiheit. Nach Maßgabe des Verhältnismäßigkeitsprinzips gilt nunmehr die Faustregel: Je intensiver ein Eingriff, desto höher die Anforderungen an seine Rechtfertigung. Sowohl die Eingriffs- als auch die Rechtfertigungslehre folgt also bei Art. 12 einem Drei-Stufen-Modell: Auf der niedrigsten Stufe sind Eingriffe in die Berufsausübung angesiedelt. Sie betreffen nur das Wie der beruflichen Tätigkeit, zum Beispiel: Sonntagsruhe, Ladenschluss- und Sperrzeiten, Tabaksteuer und andere Abgaben, soweit diese eine berufliche Tätigkeit nicht völlig »erdrosseln«, oder auch die Vorschrift, dass nur Fachärzte einen Schwangerschaftsabbruch vornehmen dürfen. Eingriffe dieser Art sind mit Art. 12 Abs. 1 vereinbar, wenn sie im Sinne des Gemeinwohls sachgerecht, zweckmäßig und verhältnismäßig sind.

Auf der zweiten Stufe machen subjektive Zulassungsvoraussetzungen den Zugang zu einem Beruf von persönlichen Eigenschaften, Fähigkeiten, Kenntnissen und erbrachten Leistungen abhängig: ein bestimmtes Lebensalter, die Zuverlässigkeit für Einzelhandelsunternehmer und Gastwirte oder erfolgreich abgelegte Prüfungen. Hier liegt die Schwelle für die Rechtfertigung höher. Solche subjektiven Regelungen müssen zum Schutz eines wichtigen Gemeinschaftsguts, beispielsweise dem Schutz vor gesundheitlichen Gefahren, Verbraucherschutz oder der Verkehrssicherheit, erforderlich und angemessen sein.

Die strengsten Anforderungen gelten bei den objektiven Zulassungsschranken der dritten Stufe, da ihnen ein Berufsbewerber machtlos gegenübersteht: Wo der Staat die Ausübung einer Tätigkeit monopolisiert, wie im Staatsdienst oder bei der Arbeitsvermittlung, kann ein Bürger sie nicht mehr zum Inhalt eines selbständigen Berufs machen. Wo das Gesetz ein Bedürfnis oder Höchstzahlen vorschreibt, wie für den Verkehr mit Taxen oder Bussen, kann ein Berufswilliger nichts zur Schaffung eines solchen Bedürfnisses beitragen. Einen derart weitgehenden Eingriff in die Berufsfreiheit lassen Stufenlehre und Verhältnismäßigkeitsgrundsatz nur dann zu, wenn eine schwere Gefahr für ein überragend wichtiges Gemeinschaftsgut entweder vorliegt oder höchstwahrscheinlich droht und die Einschränkung von Art. 12 notwendig und dem Betroffenen zumutbar ist.

Wer die zahlreichen verfassungsgerichtlichen Entscheidungen zu Art. 12 durchmustert, erkennt vor allem zwei Tendenzen: Zum einen sind die Übergänge zwischen den Stufen fließend. Das Stufenmodell wird zusehends vom Grundsatz der Verhältnismäßigkeit überformt. Auf jeder Stufe und im Verhältnis der Stufen zueinander wird jeweils gefragt: Ist die Einschränkung der Berufsfreiheit notwendig, oder kann der Zweck, dem sie dient, durch einen ebenso wirksamen Eingriff auf einer niedrigeren Stufe bzw. durch weniger intensive Maßnahmen erreicht werden? Zum anderen haben sich im Laufe der Zeit die Wertungen zugunsten der Berufsfreiheit geändert. So erteilte das BVerfG 1967 dem Arbeitsvermittlungsmonopol der Bundesanstalt für Arbeit seinen Segen. Heute beherrscht diese zwar noch den Arbeitsmarkt, muss jedoch private Arbeitsvermittler neben sich dulden. Ein vergleichbares Schicksal ereilte die staatlichen Spielbanken. Ebenso wie staatliche Monopole privatisiert, werden staatliche Reglementierungen – siehe Ladenschluss- und Sperrzeiten – liberalisiert. Im Bereich der Berufsordnung ist der Gesetzgeber auf dem Rückzug. Der Individualismus, so scheint es, siegt schrittweise über den staatlichen Paternalismus.

Nach dem Zusammenbruch des Nazi-Regimes stand neben der politischen Neuordnung auch eine Reform der überkommenen Eigentumsordnung an. Die großen Parteien hatten eine »gemeinwirtschaftliche« (CDU) bzw. »sozialistische« (SPD), also jedenfalls neue Ordnung vor Augen. Diesen Nachkriegskonsens dokumentieren die Landesverfassungen der Jahre 1946 und 1947, die sämtlich die Überführung von Unternehmen und ganzen Wirtschaftszweigen in Gemeineigentum ermöglichten. Dieser Konsens währte nicht lange. Bereits mit dem Bonner Kompromiss von 1949, den grundlegenden Gesellschaftskonflikt zwischen Kapital und Arbeit auszuklammern, wurde eine derart drastische Umgestaltung der Wirtschaft auf die lange Bank geschoben. Die Eigentumsgarantie schrieb die private Verfügung über Boden und Produktionsmittel fest und verbannte den Sozialisierungsartikel 15 GG in einen ewigen Dornröschenschlaf. Wie im angloamerikanischen Verfassungsraum legte in der jungen Bundesrepublik die Grundrechtstrias »life, liberty, and property« das verfassungsrechtliche Fundament für eine Marktwirtschaft. Fortan konzentrierten sich Rechtsprechung und Rechtslehre auf die Gewährleistung des Eigentums und des weniger bedeutsamen Erbrechts.

Der Berufsfreiheit vergleichbar, konkretisiert die Eigentumsgarantie die freie Entfaltung der Persönlichkeit und deren Selbstbestimmung und verbindet ein egoistisch-privatnützliches mit einem altruistischen Motiv: Das Eigentum soll »als Grundlage privater Eigeninitiative und im eigenverantwortlichen Interesse ›von Nutzen‹ sein«. Zugleich soll »sein Gebrauch dem Wohle der Allgemeinheit dienen« (Art. 14 Abs. 2). Wie bei anderen Grundrechten handelt es sich besonders bei der Eigentumsgarantie um eine normgeprägte Freiheit. Denn was Eigentum ist, bestimmt der Gesetzgeber, indem er vor allem im Bürgerlichen Gesetzbuch (§§ 903 ff. BGB) vermögenswerte Güter und Rechte privaten Personen zuordnet. Oder wie es in Art. 14 Abs. 1 Satz 2 heißt: indem er Inhalt und Schranken des Eigentums bestimmt. Der Gesetzgeber befindet sich folglich in einer Art »double-bind«-Situation. Er ist verpflichtet, Eigentum gesetzlich zu definieren. Zugleich soll er dessen Sozialpflichtigkeit konkretisieren, also Schranken setzen. Er muss sich gleichsam selbst in den Arm fallen.

Art.14 enthält mehrere Garantieebenen. Zunächst ist Eigentum als rechtliches Institut bzw. rechtliche Einrichtung verbürgt. Damit wird der Weg verlegt zur Umwandlung des Privateigentums in Volks- oder Staatseigentum. Sodann garantiert Art.14 dem Einzelnen einen Bestand an Gütern und Rechten gegenüber staatlichen Eingriffen. Schließlich eröffnet Art.14 Abs.3 die Möglichkeit der Enteignung gegen Entschädigung. Mit der Enteignung verwandelt sich die Bestandsgarantie in eine Wertgarantie. Selbst der enteignete Eigentümer steht also nicht mit völlig leeren Händen da.

Nach Berufsfreiheit und Eigentumsgarantie ist kurz die dritte Spitze des Dreiecks grundrechtlich geschützter wirtschaftlicher Betätigung vorzustellen: Vertragsfreiheit. Als konkrete Ausprägung der allgemeinen Freiheit zu ökonomischem Handeln ist diese in die freie Entfaltung der Persönlichkeit (Art.2 Abs.1) eingelassen. Sie garantiert ihrem Träger die Kompetenz, sich nach freier Wahl mit Partnern rechtsgeschäftlich zu verbinden. Sie kommt allerdings nur dann zum Zuge, wenn nicht Spezialgrundrechte einschlägig sind, etwa weil Verträge in Ausübung eines Berufs oder bei der Verfügung über Eigentum abgeschlossen werden.

Der Inhalt dieser Verbürgung besteht in der Selbstbestimmung des Einzelnen im Rechtsleben, kurz: Privatautonomie. Diese hat zum einen eine subjektiv-rechtliche Seite. Das heißt: der Einzelne kann sie beanspruchen und gerichtlich einklagen. Zum anderen hat sie einen objektiv-rechtlichen Gehalt. Dieser äußert sich in einer doppelten Verpflichtung des Gesetzgebers. Er muss rechtsgeschäftliche Gestaltungsmittel zur Verfügung stellen, was vor allem mit dem BGB geschehen ist. Er hat also eine Regelungspflicht. Der Gesetzgeber soll aber auch dafür Sorge tragen, dass beim Abschluss nicht das »Recht des Stärkeren« herrscht. In einer kapitalistischen Marktwirtschaft an sich ein frommer Wunsch, der hier allerdings der Sache nach in eine Schutzpflicht des Gesetzgebers und der Gerichte übersetzt wird.

Die Garantie von Gleichheit und Differenz

In aller Regel schweigen Grundrechte zu den Kämpfen, die hinter ihnen liegen. Das allgemeine Gleichheitsgebot entspricht dieser Konvention. Es beschränkt sich darauf zu fordern: »Alle Menschen sind vor dem Gesetz gleich.« Die besonderen Gleichheitsgebote und Diskriminierungsverbote geben dagegen den Blick frei auf die Personen und Gruppen, um deretwillen Gleichheit grundrechtlich verbürgt wird. Art. 3 Abs. 2 soll die schier endlose Geschichte der Männerherrschaft beenden: »Männer und Frauen sind gleichberechtigt. Der Staat fördert die tatsächliche Durchsetzung der Gleichberechtigung von Frauen und Männern und wirkt auf die Beseitigung bestehender Nachteile hin.« (**Geschlechterverhältnis**) Der letzte Absatz des Gleichheitsartikels verweist auf die jahrhundertelangen Kämpfe gegen Verfolgungen wegen Rasse, Religionszugehörigkeit und politischer Überzeugungen, gegen Benachteiligungen wegen der sozialen Herkunft und Abstammung, der Sprache und, nochmals, des Geschlechts, indem er ausdrücklich die Merkmale nennt, die Anlass und Anknüpfungspunkt für Diskriminierungen waren. Das Gleiche gilt für die Nichtehelichkeit der Geburt (Art. 6 Abs. 5) (**Minderheitenschutz**).

Wie die Forderung nach politischer Freiheit richtete sich auch der Kampf um Gleichheit ursprünglich gegen die ständischen Unterschiede der Feudalgesellschaft. Wie die Bill of Rights der nordamerikanischen Kolonialstaaten verankerte Art. 1 der französischen Erklärung der Menschen- und Bürgerrechte von 1789 den Gleichheitssatz im Naturrecht: »Die Menschen werden frei und gleich an Rechten geboren und bleiben es. Die gesellschaftlichen Unterschiede können nur im gemeinen Nutzen begründet sein.« Wenige Jahre später, in der Fassung von 1793, adressiert sich der Gleichheitssatz an die Staatsgewalt und gibt damit eine zweite Stoßrichtung zu erkennen: »Alle Menschen sind von Natur aus und vor dem Gesetz gleich.« Die revolutionäre Gleichheitsforderung war damit zur »Gleichheit vor dem Gesetz geworden« – eine Formulierung, die sich in den meisten späteren Verfassungen bis hin zum Grundgesetz durchgesetzt hat. Hinter dieser stehen zum einen die Forderung nach Rechtssicherheit und Berechenbarkeit der Staatsgewalt, die nunmehr rechtsstaatlich eingehegt werden sollte. Zum anderen wollte sich das Bürgertum über die Herrschaft des Gesetzes Einfluss auf die Gesetzgebung und Beteiligung an der politischen Macht sichern. Der Gleichheitssatz verbot damit in erster Linie die willkürliche Auslegung und Anwendung der Gesetze. In der weiteren Verfassungsentwicklung richtete sich der Gleichheitssatz auch gegen den Gesetzgeber. Heute wird das Willkürverbot, entsprechend der »neuen Formel« des Bundesverfassungsgerichts, durch den **Grundsatz der Verhältnismäßigkeit** verstärkt.

S. 114

Mag die Würde im Zentrum grundrechtlicher Freiheit stehen, so ist die Gleichheit ihre Voraussetzung. Wer benachteiligt wird, genießt nicht das gleiche Maß an Freiheit. Gleiche Freiheit herzustellen ist Regelungsaufgabe des Gesetzgebers, Abwägungsvorgabe für die Gerichte und Richtlinie für Maßnahmen der Exekutive. In erster Linie muss der Gesetzgeber also einen Mittelweg finden zwischen Ellbogenfreiheit für die Starken einerseits und staatlicher Fürsorge für Schwächere andererseits. Was das konkret bedeutet und wie einzelne Fälle zu entscheiden sind, lässt sich dem Grundgesetz nicht entnehmen. Wohl aber gibt es drei Vorgaben. Die erste: Wesentlich Gleiches soll gleich, wesentlich Ungleiches ungleich behandelt werden. Die zweite: Ungleichbehandlungen bedürfen einer verfassungsrechtlichen Rechtfertigung. Und die dritte Vorgabe: Die in Art. 3 Abs. 3 genannten Merkmale kommen als Rechtfertigungsgründe nicht infrage.

Sie bezeichnen absolute Diskriminierungs- und Begründungsverbote. Gleichheit stellt also eine dreiseitige Beziehung her: Zwei Vergleichsgruppen werden auf einen Oberbegriff bezogen. Wie Verstöße gegen Gleichheitsgrundsätze festgestellt werden und welcher Rechtfertigung Ungleichbehandlungen bedürfen, soll anhand von zwei Fällen illustriert werden. Der erste betraf eine Regelung der Arbeitszeitordnung. Diese untersagte grundsätzlich, Arbeiterinnen in der Nachtzeit zu beschäftigen (*Nachtarbeitsverbot* – E 85, 191). Die amtliche Begründung verwies auf die Schutzbedürftigkeit der Frauen hinsichtlich ihrer Gesundheit und auf dem Weg zum Arbeitsplatz. Außerdem sollten Arbeiterinnen wegen ihrer Doppelbelastung in Beruf und Familie nachts beruflich nicht in Anspruch genommen werden. Welche Gruppen werden hiermit ungleich behandelt? Zunächst müssen die Vergleichspaare identifiziert und dann auf einen passenden Oberbegriff bezogen werden. Es springt ins Auge, dass die Arbeitszeitordnung erstens hinsichtlich der Gruppe von Beschäftigten, die nachts arbeiten, differenziert; zweitens hinsichtlich der weiblichen Beschäftigten, die Nachtarbeit leisten, also Arbeiterinnen und weiblichen Angestellten. Die erste Ungleichbehandlung knüpft an das Geschlecht, die zweite an die rechtliche Ausgestaltung des Beschäftigungsverhältnisses an. Beide Differenzierungen bedürfen folglich eines sachlichen Grundes, der sie als verhältnismäßig ausweist.

Das BVerfG prüfte zunächst die geschlechtsspezifische Differenzierung im Lichte von Art. 3 Abs. 3 und konnte keine Probleme erkennen, die »ihrer Natur nach nur entweder bei Männern oder bei Frauen auftreten können«. Zunächst wiesen die Verfassungsrichter den Grund zurück, Frauen litten wegen ihrer Konstitution stärker unter der Nachtarbeit als Männer. Dafür gebe es keine empirischen Anhaltspunkte. Sodann verwarfen sie das Argument, durch Hausarbeit und Kinderbetreuung seien vor allem die Frauen belastet. Zwar entspreche eine solche Belastung der traditionellen Rollenverteilung. Der Gesetzgeber habe jedoch die Pflicht, eine differenzierende Regelung zu treffen, die auch dem Schutzbedürfnis von Nachtarbeitern, die Kinder oder einen Mehrpersonen-Haushalt betreuen, Rechnung trägt. Schließlich könne der Staat nicht allen Arbeiterinnen die Berufsfreiheit einschränken, um sie vor tätlichen Angriffen auf der Straße zu schützen. Hier gebe es andere, weniger drastische und deshalb verhältnismäßigere Möglichkeiten, wie etwa die Bereitstellung eines Werkbusses für den Weg zur Arbeitsstelle. Das Nachtarbeitsverbot fördere im Übrigen auch nicht das Gleichberechtigungsgebot des Art. 3 Abs. 2 Satz 1. Denn der Schutz sei mit erheblichen Nachteilen für Arbeiterinnen bei der Stellensuche verbunden, belaste Frauen weiterhin in größerem Umfang als Männer mit der Hausarbeit und Kinderbetreuung, verfestige also die überkommene Rollenverteilung zwischen den Geschlechtern (**Geschlechterverhältnis**) und S. 99 differenziere nach dem auch durch Art. 3 Abs. 3 verbotenen Kriterium »Geschlecht«.

In der zweiten Ungleichbehandlung zwischen Arbeiterinnen und weiblichen Angestellten erkannte das BVerfG einen Verstoß gegen das allgemeine Gleichheitsgebot gemäß Art. 3 Abs. 1. Es gebe keine Belege dafür, dass die Gruppe der Arbeiterinnen durch Nachtarbeit mehr belastet würde. Mithin fehle ein unterschiedliches Schutzbedürfnis, das allein eine differenzierende Regelung rechtfertigen könnte. Folglich sei die umstrittene Regelung der Arbeitszeitordnung verfassungswidrig.

Im zweiten Fall, der *Transsexuellen*-Entscheidung von 1993, präzisierte das BVerfG seine »neue Formel« für die Prüfung von Gleichheitsverstößen (E 88, 87). Der Sachverhalt war relativ einfach: Das Transsexuellengesetz verbot Transsexuellen unter 25 Jahren, ihren Vornamen zu ändern. Das BVerfG erkannte in dieser Altersgrenze einen Verstoß gegen den allgemeinen Gleichheitssatz. Es nahm diesen Fall zum Anlass, die Maßstäbe zu präzisieren, an denen sich Ungleichbehandlungen messen lassen müssen. Als Regel gilt: Je intensiver die Beeinträchtigung, desto strenger die Anforderungen an die Rechtfertigung. Die Intensität nimmt zu, erstens, je mehr sich ein Kriterium der Ungleichbehandlung einem der in Art. 3 Abs. 3 genannten Merkmale – also Geschlecht, Herkunft, Rasse etc. – nähert, zweitens, je weniger der Betroffene das Kriterium der Ungleichbehandlung durch sein Verhalten beeinflussen kann, und drittens, je mehr die Ungleichbehandlung den Gebrauch grundrechtlich geschützter Freiheiten einschränkt oder erschwert. Im *Transsexuellen*-Fall galt der verschärfte Maßstab, da die Altersgrenze an ein personenbezogenes, von den Betroffenen nicht beeinflussbares Merkmal anknüpft und sich nachteilig auf das allgemeine Persönlichkeitsrecht Transsexueller auswirkt. Die Regelung zwingt sie, sich im Alltag Dritten und Behörden gegenüber als Transsexuelle zu offenbaren, schränkt also ihr Recht auf informationelle Selbstbestimmung ein. Für eine derart empfindliche Benachteiligung, die junge Transsexuelle daran hindert, ihre neue Geschlechtsrolle zu finden und Selbstvertrauen zu gewinnen, konnte das BVerfG keinen rechtfertigenden Grund erkennen (**Minderheitenschutz**).

S.96

WIE DAS GRUNDGESETZ POLITISCHE HERRSCHAFT ORGANISIERT UND LEGITIMIERT

Dem Grundgesetz liegt ein zwar nicht unwandelbares, aber dennoch bestimmtes Bild vom Menschen zugrunde: weder isoliertes Individuum noch wesenloses Atom einer Masse, sondern als Person gemeinschaftsgebunden, das heißt in vielfältige Gemeinschaften eingebunden: Ehe und Familie (Art. 6), Kirche bzw. Religionsgemeinschaft (Art. 4 und 140), Schule (Art. 7), soziale und politische Vereine und Parteien (Art. 9 und 21), Gemeinden, Länder und Bund (Art. 16 und 28). Durch dieses Netzwerk von Mitgliedschaften wird Individualität geformt, durch die Grundrechtsgemeinschaft (Art. 1 Abs. 2) wird sie rechtlich abgesichert. Vor allem im Schutz der Menschenwürde und in den öffentlichen Freiheiten findet die Selbstbestimmung und politische Beteiligung ihre grundrechtliche Basis.

Auf dieser Basis organisiert und legitimiert das Grundgesetz alle politische Herrschaft nach Maßgabe der Prinzipien von Republik, Demokratie, sozialem Rechtsstaat und Bundesstaat (Art. 20 und 28 Abs. 1). Sie werden hier kurz vorgestellt und sollen dann im Lichte aktueller Probleme genauere Konturen erhalten.

Republik bezeichnet nach der heutigen engen Auffassung nur Herrschaft aus öffentlichem, nicht eigenem Recht, also die Abkehr von der Monarchie. Nach der älteren Bedeutung umfasst sie zugleich die Bestellung aller Amtsträger in öffentlichen Verfahren, die Ausübung von Herrschaft im Lichte der Öffentlichkeit sowie die Verpflichtung aller öffentlichen Gewalt, dem gemeinen Wohl zu dienen.

Demokratie als Selbstregierung verweist auf die Volkssouveränität als oberstes Legitimationsprinzip von Herrschaft: »Alle Staatsgewalt geht vom Volke aus.« (Art. 20 Abs. 2 Satz 1). In ihrer grundgesetzlichen Ausprägung erscheint Demokratie vor allem als parlamentarische Demokratie. Gewählte Repräsentanten entscheiden nach Maßgabe der Mehrheitsregel. Die Grundrechte erinnern daran, dass Minderheiten zu schützen sind und die Möglichkeit haben müssen, Mehrheit zu werden (**Minderheitenschutz**).

S. 96

Der Rechtsstaat überschneidet sich einerseits mit der Demokratie, insbesondere durch die Prinzipien der Gewaltenteilung und der Gesetzesgebundenheit aller politischen Herrschaft. Andererseits verleiht ihm das Grundgesetz das Prädikat »sozial«. Herrschaft soll also nicht nur rechtlich »in Form gebracht« werden und berechenbar sein. Aus der Verbindung mit dem Sozialstaat ergibt sich für den Rechtsstaat vielmehr die Verpflichtung, für gerechte Lebensverhältnisse zu sorgen. Nach Maßgabe sozialer Rechtsstaatlichkeit ist der Staat nicht nur ein schützender und gelegentlich intervenierender, sondern zugleich auch ein planender, leistender und verteilender Staat, der individuelles und soziales Leben ermöglicht oder erleichtert.

Parteien zwischen Staatsfreiheit und Staatskontrolle

Die Verfassung politischer Herrschaft greift über den im engeren Sinne staatlichen Raum hinaus und erfasst die Organisationen, die Wahlen, parlamentarische Entscheidungen und die Besetzung politischer Ämter. Anders als die Weimarer Verfassung schweigt das Grundgesetz nicht zu den politischen Parteien, sondern bezieht sie in den »Verfassungskreis« ein. Art. 21 trägt dem Umstand Rechnung, dass die politische Willensbildung der Bevölkerung gebündelt und übersetzt werden muss, um in den Verfahren der politischen Entscheidungsbildung zur Geltung zu kommen. Ganz gleich, was man von den Parteien halten mag: Sie sind in einer parlamentarischen Demokratie der notwendige Transmissionsriemen zwischen dem souveränen Volk und seinen Repräsentanten in den Parlamenten sowie seinen Entscheidungsträgern in den Regierungsämtern. Mit Art. 21 bekräftigt das Grundgesetz die Entscheidung für eine parteienstaatliche Demokratie.

Der Parteienartikel ist nicht ohne innere Spannungen. Einerseits verbürgt Art. 21 Abs. 1 die Gründungsfreiheit von Parteien als staatsfreien Organisationen. Zugleich garantiert er ihnen, neben anderen Vereinigungen (Art. 9 Abs. 1), den Medien und den Aktivbürgern an der politischen Willensbildung der Bevölkerung mitzuwirken. Aus Art. 21 in Verbindung mit dem allgemeinen Gleichheitsgebot ergibt sich ferner die Chancengleichheit der Parteien. Andererseits nimmt das Grundgesetz die Parteien in die Pflicht und unterwirft sie staatlicher Kontrolle. Ihre Organisation hat gemäß Art. 21 Abs. 1 Satz 3 demokratischen Grundsätzen zu entsprechen. Außerdem müssen Parteien ihre Finanzquellen offen legen. Wie sie sich finanzieren und wie sie aus staatlichen Mitteln gefördert werden, regelt nicht die Verfassung, sondern das Parteiengesetz. Schließlich gibt Art. 21 Abs. 2 den Parteien die Pflicht vor, sich in den Rahmen der freiheitlichen demokratischen Grundordnung einzufügen. Die Konzeption der **streitba-**

ren Demokratie macht Parteien nicht zur Auflage, aktiv für die de- S. 90
mokratische Ordnung einzutreten, verbietet ihnen jedoch, diese aggressiv zu bekämpfen. Von einer ungebundenen Freiheit der Parteien
kann also keine Rede sein.

Auch an ihrer Gleichheit werden in der Praxis Abstriche gemacht.
Die Fünf-Prozent-Klausel verlegt kleinen Parteien den Einzug in die
Parlamente. Nähme man die formale Chancengleichheit und vor allem den Minderheitenschutz beim Wort, so wären eigentlich den
kleinen Parteien, die sich beim Wähler erst vorstellen müssen und
sich noch nicht auf der Bühne des Parlaments präsentieren können,
mehr Sendezeiten einzuräumen und mehr Werbeflächen und finanzielle Mittel zur Verfügung zu stellen. Der Gesetzgeber und auch das
BVerfG sehen das anders (*Parteienfinanzierung* – E 85, 264). § 5 Par-
teiG gestattet, die Gewährung von öffentlichen Leistungen »nach
der Bedeutung der Parteien« abzustufen. Die Bedeutung bemisst
sich in erster Linie nach den Ergebnissen der vorangegangenen Wahlen. Dieses Modell abgestufter Gleichheit gewährt den die Parlamentsmehrheit stellenden Parteien Prämien auf ihre Macht. Indirekt
begünstigt eine solche Regelung außerdem die Vermachtung des
Staates durch Ämterpatronage und Parteienproporz – entgegen
dem Grundsatz der Bestenauslese (Art. 33 Abs. 2).

Wahlgrundsätze

Das Grundgesetz schreibt in Art. 38 kein Wahlsystem, sondern nur
die Grundsätze vor, die für Wahlen gelten. Wahlen müssen danach
allgemein, unmittelbar, geheim, frei und gleich sein.

Die Allgemeinheit korrespondiert den Diskriminierungsverboten.
Sie hat sich erst 1918 mit der Einführung des Frauenstimmrechts
durchgesetzt. Seitdem dürfen alle Staatsbürger, unabhängig von Rasse, Religion, Geschlecht etc., an Wahlen teilnehmen. Umstritten ist,
ob Ausländer, die ihren Lebensmittelpunkt in der Bundesrepublik ha-

ben, nicht wenigstens an Kommunalwahlen teilnehmen können sollten. Das BVerfG hat dies u.a. mit der nicht sonderlich überzeugenden Begründung verneint, dass Ausländer nicht zum Staatsvolk der Deutschen gehören (E 83, 37 – *Ausländerwahlrecht*). Dieses Argument hat zudem auch dadurch an Überzeugungskraft verloren, dass EU-Bürger, also die so genannten Gemeinschaftsinländer, seit 1992 das Recht haben, an Kommunalwahlen teilzunehmen (Art. 28 Abs. 1 Satz 3).

Unmittelbar sind Wahlen, wenn die Abgeordneten direkt gewählt werden, wenn also kein Wahlmännergremium zwischen Abgabe der Wahlstimme und Wahlentscheidung tritt. Auch die Listenwahl gemäß § 6 BWahlG ändert nichts an der Unmittelbarkeit der Bundestagswahl, da die Entscheidung über die Liste der Wahl vorausgeht.

Die Grundsätze der Geheimheit und Freiheit sollen gewährleisten, dass Wahlen in einer Demokratie Auskunft darüber geben, was die Wahlbürger wirklich denken und welche politische Präferenz sie haben. Deshalb sollen sie ihre Wahlentscheidung geheim und ohne äußere Einflussnahme treffen. Sie sollen auch die Freiheit haben, nicht zur Wahlurne zu gehen. Die Freiheit der Wahl schließt nicht aus, dass gesellschaftliche Organisationen, Verbände und Religionsgemeinschaften Wahlempfehlungen geben oder Wahlpropaganda betreiben. Damit muss der »mündige Wahlbürger« leben. Allerdings sorgen einige Strafvorschriften dafür, dass Wähler weder genötigt noch bestochen oder getäuscht werden.

Gleichheit der Wahl besagt, dass jede Person ihr Wahlrecht in formal möglichst gleicher Weise ausüben können soll. Die klassische Formel hierfür ist »one man, one vote«. Jeder Wähler hat die gleiche Stimmenzahl (Zählwert), und jede Stimme wird bei der Zuteilung von Parlamentssitzen berücksichtigt (Erfolgswert). Der gleiche Zählwert wirft seit der Abschaffung des preußischen Drei-Klassen-Wahlrechts 1918 sowohl in der Weimarer Republik als auch in der Bundesrepublik keine Probleme auf. Für einen hohen Erfolgswert bürgt die im Bundeswahlgesetz geregelte Kombination von relativem Mehrheitswahlrecht mit einem Verhältniswahlrecht. Mit der Erststimme werden in derzeit 299 Wahlkreisen Abgeordnete nach dem Mehrheitsprinzip direkt in den Bundestag gewählt. Ihre Zweitstimme geben die Wähler für eine der in ihrem Land aufgestellten Landeslisten der Parteien ab. Die Gesamtheit der Zweitstimmen wird in einem komplizierten Berechnungsverfahren auf die verbleibenden 299 Mandate verteilt. Außen vor bleiben also nur die Stimmen der Parteien, die weder 5 % der Zweitstimmen noch drei Direktmandate erringen konnten, noch eine nationale Minderheit vertreten. Die Sperrklausel verdeutlicht, dass das Wahlsystem nicht den gleichen Erfolgswert, sondern nur die gleiche Erfolgschance bietet. Ob eine stabilisierte parlamentarische Demokratie noch einer solchen Klausel bedarf, die Splitterparteien ausschließt, um die Funktionsfähigkeit des Parlaments zu gewährleisten, lässt sich heute wohl bezweifeln.

Die Organisation der parlamentarischen Demokratie

Ein Volk mit mehr als 80 Millionen Mitgliedern kann alle notwendigen politischen Entscheidungen schwerlich selbst treffen. Obwohl Souverän, von dem »alle Staatsgewalt ausgeht« (Art. 20 Abs. 2), muss es sich vertreten lassen: von den Repräsentanten und Amtsträgern, die »im Namen des Volkes« entscheiden. Fragt man, wo diese Staatsgewalt hingeht, so trifft man auf die drei Gewalten von Legislative, Exekutive und Judikative, wo der Gesetzgeber an die Verfassung, die vollziehende Gewalt und Rechtsprechung, zudem an Gesetz und Recht gebunden ist. Damit steht auch nach dem Plan des Grundgesetzes zwangsläufig der Gesetzgeber im Zentrum der Staatsorganisation. Dem Deutschen Bundestag ist aufgegeben, die Gesetze zu beschließen und mit diesen die anderen Gewalten zu programmieren, sodann die Regierung zu wählen und zu kontrollieren und bei allen seinen Entscheidungen im Namen des Volkes zu handeln. Das folgt aus dem Prinzip der Repräsentation.

Nicht nur die politische Willensbildung in der Öffentlichkeit, sondern auch die politische Entscheidungsfindung in Parlament (und Regierung) wird wesentlich durch die Parteien organisiert und dominiert. Im Bundestag schließen sich die Abgeordneten der jeweiligen Parteien zusammen und bilden Fraktionen. Streng genommen bilden also nicht die Parteien den Bundestag, sondern ihre Mitglieder als Abgeordnete und Angehörige der Fraktionen. Diese sichern ihren Parteien maßgeblichen Einfluss auf alle Beratungen und Beschlüsse. So überlagert der Parteienstaat die parlamentarische Demokratie.

Zwar steht der Bundestag im Zentrum, dennoch trifft es nur zu einem Teil zu, dass dort alle wesentlichen Entscheidungen getroffen werden. Schwierige Fragen, wie zuletzt die Reformen des Gesundheits-, Renten- und Steuersystems, werden weitgehend außerhalb des Parlaments in den Führungsgremien der Parteien und in den Stäben der Ministerien vorbereitet und ausgehandelt. Komplexe Probleme, wie Umweltschutz, Kontrolle der Gentechnik und Humangenetik oder auch die eben genannten Reformprojekte, werden auf Beiräte, Sachverständigenkommissionen, »runde Tische«, Bündnisse für Arbeit oder Konsensrunden abgewälzt.

Die Gesetzesherrschaft hat überdies an Glanz verloren, seit der überforderte Gesetzgeber Blankettnormen produziert, die viele Fragen offen lassen und das Handeln der Exekutive nur vage programmieren. Oder seit er Experimentgesetze beschließt, die nach wenigen Jahren von der Wirklichkeit überholt werden und erneuerungsbedürftig sind. Trotz solcher Schwächen des parlamentarischen Systems, trotz seiner seit langem kritisierten Steuerungs- und Repräsentanzdefizite gibt es einen guten Grund, am Parlamentarismus festzuhalten: Eine bessere Alternative ist nicht in Sicht.

Keine Angriffsflächen für Kritik bietet die Wahlfunktion des Bundestages. Er wählt den Bundeskanzler (Art. 63) und den Wehrbeauftragten (Art. 45b). Zur Wahl des Bundespräsidenten entsendet er Abgeordnete in die Bundesversammlung (Art. 54), wo sie die gleiche

Zahl von Mitgliedern treffen, die von den Landtagen gewählt werden. So weit, so gut. Problematisch ist allerdings, wie sich der Bundestag seiner Aufgabe entledigt, die Hälfte der Mitglieder des Bundesverfassungsgerichts zu wählen (Art. 94 Abs. 1). Das geschieht nämlich nicht im Plenum, sondern durch einen Wahlausschuss. Genauer gesagt: In den Hinterzimmern der Parteiführungsgremien werden die Verfassungsrichter nach dem Parteienproporz bestimmt.

Zur zweiten Funktion des Bundestages: Kontrolle der Exekutive. Hierzu stattet das Grundgesetz den Bundestag mit den klassischen Parlamentsrechten aus (Art. 43 und 44). Mitglieder der Regierung können herbeizitiert, und an die Regierung können große und kleine Anfragen gerichtet werden, die diese beantworten muss. Zu den traditionellen Mitteln parlamentarischer Kontrolle gehören außerdem die Untersuchungsausschüsse. Bei der Handhabung dieses Instruments tritt ein Strukturproblem parlamentarischer Kontrolle zutage: Der Bundestag steht nicht als erste Gewalt geschlossen der Exekutivgewalt gegenüber. Vielmehr ist er selbst gespalten in die Parlamentsmehrheit, die die Regierung trägt, einerseits und die Fraktionen der Opposition andererseits. Regelmäßig kann sich eine Regierung darauf verlassen, dass die Mehrheit im Bundestag ihr zur Seite steht. Das heißt, bezüglich der Untersuchungsausschüsse wird die Parlamentsmehrheit alles unternehmen, um die Beratungen möglichst in die Länge zu ziehen oder einen Ausschuss vollständig und dauerhaft zu paralysieren.

Bei der Initiierung, Beratung und Verabschiedung von Gesetzen und in Hinsicht auf deren Qualität zeigen sich besonders deutlich die Sachkompetenz, Handlungsfähigkeit und der politische Einfluss eines Parlaments. Auch hier agiert der Bundestag weder ungebunden von Parteiprogrammen, wie oben ausgeführt, noch unabhängig von anderen Verfassungsorganen. Bereits das Initiativrecht (Art. 76) signalisiert ein Übergewicht der Exekutive: In den ersten vierzehn Wahlperioden seit 1949 brachte die Bundesregierung über 5000 Gesetzentwürfe ein. »Aus der Mitte des Bundestages« kamen wenig mehr als 3000. Der Bundesrat brachte es auf ganze 700 Vorlagen. Noch deutlicher tritt die Dominanz der Bundesregierung hervor, wenn man die Gesetzesinitiativen durch das Gesetzgebungsverfahren bis zu dessen Abschluss begleitet. Von den Regierungsvorlagen wurden über 84% verabschiedet – allerdings mit zum Teil erheblichen Änderungen. Bundestagsvorlagen waren mit einer Quote von etwa einem Drittel sichtlich weniger erfolgreich und rangierten knapp vor den Gesetzentwürfen des Bundesrates. Nicht das Parlament, sondern die Regierung ist also das entscheidende Initiativorgan.

Das Schwergewicht der Legislativarbeit sollte auf den Gesetzesberatungen liegen. Hierfür sieht das Grundgesetz grundsätzlich drei »Lesungen« vor. In der ersten findet üblicherweise keine Aussprache statt. Der Gesetzentwurf wird nur aufgerufen und zur Beratung an die zuständigen Ausschüsse verwiesen. Für die weitere Behandlung enthält die Geschäftsordnung des Bundestages detaillierte Regelungen (§§ 78 ff. GOBT). Im Plenum wird ein Gesetzentwurf durchschnittlich weniger als zehn Minuten »gelesen«, die wichtigen Entwürfe länger, die nicht so bedeutsamen oder wenig öffentlichkeitswirksamen entsprechend kürzer. Die eigentliche Beratungstätigkeit findet in den Ausschüssen statt. Nach dem Ende der Beratungen fasst der Bundestag in öffentlicher Sitzung den Gesetzesbeschluss (Art. 77 Abs. 1) und leitet das angenommene Gesetz dem Bundesrat zu.

Die Rolle des Bundesrates

Mit dem Bundesrat kommt ein weiteres Verfassungsorgan ins Spiel. Dessen Macht bleibt unauffällig, solange er Gesetze passieren lässt. Der Bundesrat kann dem Bundestag jedoch auch erhebliche Schwierigkeiten bereiten. Das Grundgesetz sieht für den Bundesrat unterschiedliche Möglichkeiten vor, auf das Gesetzgebungsverfahren einzuwirken: Erstens kann er – wie gegebenenfalls auch der Bundestag –

die Einberufung eines Vermittlungsausschusses verlangen (Art. 77 Abs. 2). Dieser hat die Aufgabe, bei Dissens zwischen Bundestag(s-mehrheit) und Bundesrat(smehrheit) über ein Gesetz eine allseits akzeptable Kompromisslösung zu erarbeiten. Zweitens kann der Bundesrat bei Gesetzen, die seiner Zustimmung bedürfen (Zustimmungsgesetze), diese verweigern (Art. 77 Abs. 2 und 2a). Die verweigerte Zustimmung wirkt wie ein absolutes Veto: Das Gesetz ist damit gescheitert. Drittens hat der Bundesrat bei allen anderen Gesetzen (Einspruchsgesetze) die Möglichkeit, Einspruch einzulegen (Art. 77 Abs. 3 und 4). Hier kommt es für den Erfolg eines Gesetzes darauf an, mit welcher Mehrheit der Einspruch eingelegt wird. Will der Bundestag einen Einspruch des Bundesrates zurückweisen, muss er die Mehrheit seiner gesetzlichen Mitglieder, also die so genannte Kanzlermehrheit aufbieten. Schwieriger wird es, wenn im Bundesrat eine Zwei-Drittel-Mehrheit Einspruch einlegt. Dann verlangt die Verfassung eine Zwei-Drittel-Mehrheit der anwesenden Abgeordneten des Bundestages, mindestens jedoch die absolute Mehrheit seiner Mitglieder.

Ein Bundesrat, dessen Mehrheit von den Parteien getragen wird, deren Fraktionen im Bundestag die Bänke der Opposition drücken, kann mithin Gesetzesprojekte der Regierung im Vermittlungsverfahren erheblich verzögern, wenn nicht ganz blockieren. Nicht wenige Beobachter sehen hierin einen Konstruktionsfehler der Verfassung. Der Bundesrat, so ihr Argument, soll die Interessen der Länder zur Geltung bringen, nicht aber parteipolitisches Blockadeinstrument sein. Die Kritiker haben Geschichte, Zusammensetzung und Aufgabenbestimmung des Bundesrates auf ihrer Seite. Denn die Eltern des Grundgesetzes orientierten sich an historischen Vorbildern. Der Bundesrat der Reichsverfassung von 1871 war ein Gesandtenkongress, den ernannte Vertreter der Bundesstaaten bildeten. Im Reichsrat der Weimarer Verfassung waren die Mitglieder der Landesregierungen vertreten. Auch dem Grundgesetz liegt eine Entscheidung für einen Bundesrat mit jeweils drei bis sechs Mitgliedern der Länderregierungen (Art. 51) – und gegen einen Senat mit von den Landtagen gewählten Mitgliedern – zugrunde.

Der Bundesrat ist ein kollegiales Verfassungsorgan des Bundes, dem insgesamt 69 Mitglieder der Landesregierungen angehören. Die Länder werden also durch ihre jeweils anwesenden Bundesratsmitglieder vertreten und wirken durch diese an der Gesetzgebung und Verwaltung des Bundes mit (Art. 50). Diese eigentümliche Konstruktion des Bundesrates unterstreicht das Grundgesetz mit der Unterscheidung von persönlichen »Mitgliedern« und »Stimmen« der Länder. Folglich richtet sich die Beschlussfähigkeit nicht nach der Zahl der anwesenden Mitglieder, sondern nach der Zahl der vertretenen Stimmen. Ist von jedem Bundesland ein Mitglied anwesend, so sind alle 69 Stimmen des Bundesrates vertreten. Für Abstimmungen gilt, dass die Stimmen eines Landes nur einheitlich abgegeben werden können (Art. 51 Abs. 3 Satz 2). Gewöhnlich bestimmt eine Landesregierung, wie sie im Bundesrat abstimmen wird oder ob sie einen Stimmführer benennt. Wer im Bundesrat anwesend ist, kann jedoch entgegen einer etwaigen Weisung seiner Regierung abstimmen. Das persönliche Risiko eines solchen Alleingangs liegt auf der Hand. Ein weiteres kann hinzutreten: Die Stimmen ihres Landes sind ungültig, wenn sie nicht übereinstimmen. So entschied das Bundesverfassungsgericht den Konflikt über die Stimmabgabe des Landes Brandenburg zum Zuwanderungsgesetz (*Abstimmung im Bundesrat –* E 106, 310). In der turbulenten Sitzung des Bundesrates vom 22. März 2002 votierte der Arbeitsminister des Landes mit »Ja«, der Innenminister jedoch mit »Nein«. Auf Nachfrage des Bundesratspräsidenten stimmte der Ministerpräsident mit »Ja«, während der Innenminister auf sein vorheriges Votum verwies. Auf die nochmalige Nachfrage des Bundesratspräsidenten erklärte der Ministerpräsident: »Als Ministerpräsident des Landes Brandenburg erkläre ich hiermit Ja.« Die Richtermehrheit hielt diese Stimmabgabe für uneinheitlich. An der

Bundestag **Bundesrat**

Bundestagswahl

1972

1976

1980

1983

1987

1990

1994

1998

2002

Sozial-liberale Koalition
Kanzler Willy Brandt, Helmut Schmidt

Christlich-liberale Koalition
Kanzler Helmut Kohl

Rot-Grün
Kanzler
Gerhard Schröder

Von der SPD
dominiert

Von der Union
dominiert

Von der
Opposition
beherrschter
Bundesrat

Mehrheitsverhältnisse in Bundestag und Bundesrat

Uneinheitlichkeit hätten die wiederholten Stimmabgaben nichts geändert, zumal der die Sitzung leitende Bundesratspräsident in dieser Situation nicht hätte nachfragen dürfen.

Wie seine historischen Vorgänger steht auch der Bundesrat nicht gleichberechtigt neben dem Parlament. Unstreitig ist der Bundestag das oberste Staatsorgan des Bundes. Allerdings haben zwei Entwicklungen zu einem Machtzuwachs des Bundesrates geführt. Zum einen ist die Zahl der Zustimmungsgesetze stetig angewachsen und überragt deutlich die der Einspruchsgesetze. War von 1949 bis 1953 das Verhältnis noch 42 zu 58 Prozent, so zogen die Zustimmungsgesetze bereits 1965 etwa gleich und haben seit 1998 mit 54 zu 46 Prozent die Nase vorn. Wann bedarf ein Gesetz der ausdrücklichen Zustimmung des Bundesrates? Als Faustregel gilt: immer dann, wenn ein Gesetz Länderinteressen nachhaltig berührt. Das Grundgesetz legt an sich grundsätzlich fest, wann das der Fall ist: wenn Bundesgesetze festlegen, mit welchen Behörden und in welchem Verfahren sie von den Ländern auszuführen sind. Zweite Faustregel: Bei Verfassungsänderungen, Verwaltungs- und Finanzgesetzen muss der Bundesrat stets zustimmen. In der Praxis ist gleichwohl häufig äußerst kontrovers, ob ein Gesetz zustimmungsbedürftig ist oder nicht.

Zum anderen sind in den letzten beiden Jahrzehnten die Mehrheitsverhältnisse in Bundestag und Bundesrat nicht selten auseinander gefallen. Unzufriedenheit mit der Politik der Bundesregierung und der sie stützenden Parteien führt bei Landtagswahlen zu Stimmengewinnen der »anderen« Parteien. Die parlamentarische Opposition kann also – über »ihre« Länderregierungen – den Bundesrat zu ihrem verlängerten Arm machen, um Gesetze dort zu verzögern oder scheitern zu lassen. Wenn dies geschieht, wird der Bundesrat zu einer »zweiten Kammer«, zu einem nahezu gleichberechtigten Gegengewicht zum Bundestag, umfunktioniert. Obwohl er das, da kein gewählter Senat, nach dem Willen der Verfassung gerade nicht sein soll.

Ein Machtzuwachs des Bundesrates geht nicht nur zu Lasten des Bundestages, sondern zwangsläufig auch zu Lasten des exekutiven Zweigs der parlamentarischen Demokratie: der Bundesregierung. Eine Machtverschiebung zugunsten des Bundesrates könnte man freilich auch als List der gewaltenteilenden Vernunft ansehen. Da die Kanzlermehrheit im Bundestag eine schlagkräftige parlamentarische Regierungskontrolle schwächt, übernimmt der Bundesrat diese Funktion. Blockiert eine solche Konstellation jedoch den Gesetzgeber und verlegt sie den Weg zu notwendigen Reformen, dann schlägt die Vernunft um in eine Logik des politischen Stillstands.

Die Kanzlerdemokratie

Zwei grundsätzliche Entscheidungen der Verfassung prägen die Rolle der Bundesregierung: die Option für den Bundestag als oberstes Verfassungsorgan und die Absage an die Präsidialdemokratie à la Weimar, die zugleich den Weg zu einer Kanzlerdemokratie weist. Die Stärkung der Rolle des Parlaments im Zusammenspiel der Verfassungsorgane zeigt sich bereits darin, dass der Bundestag den Kanzler auf Vorschlag des Bundespräsidenten wählt (Art. 63). Zu seiner Wahl bedarf der Kanzler der Mehrheit der gesetzlichen Mitglieder, also der absoluten Mehrheit (Art. 121). Die Bundestagswahlen werden praktisch als »Kanzlerwahlen« durchgeführt. Die Parteien bauen frühzeitig ihren Kanzlerkandidaten auf, über den in der Wahl »abgestimmt« wird. Nach der Wahl empfehlen die Vorsitzenden der Fraktionen, die im Bundestag die Kanzlermehrheit bilden, dem Bundespräsidenten, ihren Kandidaten für die Wahl zum Kanzler vorzuschlagen.

In der Bundesregierung kommt dem Bundeskanzler die unangefochtene Führungsrolle zu (Art. 65). Er bestimmt die Richtlinien der Politik, in seinen Kompetenzbereich fallen also die grundlegenden politischen Entscheidungen. Auf seinen Vorschlag hin, der mit den

Führungsgremien seiner Fraktion und Partei abgestimmt ist, werden die Bundesminister vom Bundespräsidenten ernannt oder entlassen. Ferner leitet er die Geschäfte des Bundeskabinetts. Organisation und Arbeitsweise der Bundesregierung sind folglich ganz entscheidend vom »Kanzlerprinzip« geprägt.

Daneben spielt das Ressortprinzip eine wichtige, wenngleich nachgeordnete Rolle. Dieses besagt, dass die Bundesminister ihren Geschäftsbereich, also ihr Ressort, selbständig leiten. Allerdings nur innerhalb der vom Bundeskanzler vorgegebenen Richtlinien. Eine weitere Einschränkung ergibt sich auch daraus, dass der Kanzler Zahl und Zuschnitt der Ressorts, also den Aufgabenbereich eines Ministeriums, bestimmen kann. Ist ein Minister ernannt, so wird er damit zum Chef eines beachtlichen Verwaltungs- und Beamtenapparats, dem eine Vielzahl von Behörden untersteht. Er führt seinen Geschäftsbereich selbständig gegenüber dem Bundeskanzler und in Verantwortung gegenüber dem Parlament. Das heißt, er muss auch für Fehlentscheidungen und Missstände in seinem Ressort einstehen. Anders als der Weimarer Reichstag kann der Bundestag jedoch einem Minister nicht das Vertrauen entziehen.

Bei aller Kanzlerdominanz bleibt die Bundesregierung ein Kollegialorgan, bestehend aus Bundeskanzler und Bundesministern. Die Aufgabe des Kabinetts besteht nicht nur darin, Streitigkeiten zwischen den einzelnen Bundesministern zu schlichten (Art. 65 Satz 3). Das Grundgesetz hat dem Kabinett vielmehr eine Reihe zusätzlicher Kompetenzen übertragen, wie den Beschluss einer Geschäftsordnung, die Einbringung von Gesetzentwürfen, die Anrufung des Vermittlungsausschusses, den Erlass von Verwaltungsvorschriften und von Rechtsverordnungen sowie die Anrufung des Bundesverfassungsgerichts. Wenn also die »Bundesregierung« zu einer Entscheidung ermächtigt wird, dann muss das Kabinett entscheiden. Folglich müssen alle Kabinettsmitglieder Gelegenheit haben, sich an der Entscheidung zu beteiligen. In der Regel geschieht das in gemeinsamer

Sitzung. Zulässig ist auch ein Umlaufverfahren, das allen hinreichend Gelegenheit zur Mitwirkung gibt (*Umlaufverfahren* – E 91, 148).

Neben Bundestag als oberstem und dem Bundeskanzler als dem in einer Mediengesellschaft sichtbarsten Staatsorgan bleiben die Stellung und Kompetenzen des Bundespräsidenten blass. Er ist zwar formell das Staatsoberhaupt, in einer parlamentarischen Demokratie gleichwohl nur Darsteller auf der Nebenbühne. Seine primäre Aufgabe ist Repräsentation: Er vertritt die Bundesrepublik völkerrechtlich »nach außen«, ohne im Verhältnis zu anderen Staaten rechtlich gewichtige Entscheidungen treffen zu dürfen (Art. 59 Abs. 1). Außerdem ernennt er im Inneren die Amtsträger, insbesondere den Kanzler und die Minister. Am Ende eines Gesetzgebungsverfahrens fällt ihm die Aufgabe zu, die »nach den Vorschriften des Grundgesetzes zustandegekommenen Gesetze« auszufertigen (Art. 82). Das heißt nichts anderes, als sie zu unterschreiben. Unstreitig darf er dabei auch prüfen, ob der Bund die Gesetzgebungskompetenz hatte und das Gesetzgebungsverfahren korrekt durchgeführt wurde. Umstritten ist jedoch, ob der Bundespräsident auch prüfen darf oder sogar muss, ob ein ihm vorgelegtes Gesetz inhaltlich mit dem Grundgesetz übereinstimmt, ob es also zum Beispiel Grundrechte oder die Kompetenzverteilung zwischen Bund und Ländern verletzt. Da er schwerlich verpflichtet sein kann, eine Handlung vorzunehmen, die nach seiner Auffassung gegen die Verfassung verstößt, muss er ein Gesetz jedenfalls auf etwaige offenkundige Verstöße überprüfen dürfen.

In Krisen des parlamentarischen Systems wächst dem Bundespräsidenten eine Reservefunktion zu. Das Grundgesetz gibt ihm Raum für eigene politische Entscheidungen, wenn die Wahl des Bundeskanzlers oder dessen Vertrauensfrage scheitert (Art. 63 Abs. 4 und 68 Abs. 1) oder wenn ein Gesetzgebungsnotstand zu beheben ist (Art. 81). Zur dritten Aufgabe seines Amtes, der Integration, schweigt das Grundgesetz. Auch fehlt hierzu eine klare Definition, obwohl sie das

Bild des Bundespräsidenten als eines eigenständigen Staatsorgans prägt, der in Kontroversen vermittelnd eingreift oder Anregungen für politische Initiativen gibt.

Kompetenzen und Finanzen im Bundesstaat

Eine bundesstaatliche Organisation darf dann als gelungen bezeichnet werden, wenn keine der Ebenen – Bund oder Länder – die andere dominiert. Das Grundgesetz versucht dieses Ideal konstruktiv mit der Kombination von vier »Sorten« unterschiedlicher Bestimmungen zu verwirklichen: Differenzgarantien verbürgen Vielfalt, indem sie den Ländern ein gewisses Maß an Eigenständigkeit und einen Raum der Selbstbestimmung gewährleisten. Homogenitätsgarantien sorgen dagegen für die Einheitlichkeit der Lebensverhältnisse – Art. 72 Abs. 2 spricht von »Rechts- und Wirtschaftseinheit« – und die Übereinstimmung in den Verfassungsgrundsätzen (Art. 28 Abs. 1 Satz 2). Kollisionsregeln legen fest, wie zu entscheiden ist, wenn bundesrechtliche auf landesrechtliche Normen treffen. So legt Art. 31 fest, dass Bundesrecht Landesrecht »bricht«; dagegen räumt Art. 142 den Ländern die Möglichkeit zu großzügigeren grundrechtlichen Garantien ein. Schließlich organisieren Kooperationsregeln die Zusammenarbeit von Bund und Ländern: explizit bei den Gemeinschaftsaufgaben Hochschulbau und Verbesserung der regionalen Wirtschaftsstruktur (Art. 91a) oder implizit als Selbstkoordination der Länder, die im Grundgesetz nicht ausdrücklich erwähnt, aber im Bundesstaatsprinzip mitverbürgt ist. Wichtige Beispiele für diese Kooperationsform sind die »Ständige Konferenz der Kultusminister« oder die Gründung des Zweiten Deutschen Fernsehens durch Staatsvertrag der Länder.

Insgesamt spricht diese Mischung für eine gelungene bundesstaatliche Konstruktion. Ob eine Ebene die andere dominiert oder ob wirklich die Macht von Bund und Ländern ausgewogen balanciert ist, zeigt sich jedoch in erster Linie bei der Verteilung von Kompetenzen und Finanzen.

Die Kompetenzen betreffen zum einen die Gesetzgebung, zum anderen die Ausführung der Gesetze durch die Verwaltung. Hinsichtlich beider Arten von staatlichen Befugnissen schaltet Art. 30 für die Länder auf »Grün«. Art. 70 weist ihnen die Vorfahrt bei der Gesetzgebung zu. Art. 83 fügt ergänzend hinzu, dass auch Bundesgesetze in der Regel von den Ländern als deren eigene Angelegenheit exekutiert werden. Damit setzen diese Differenz- und Vorrangregeln die ursprünglichen Pläne der Militärgouverneure eins zu eins um: starke Länder, schwacher Zentralstaat. Doch ist das nicht die ganze Wahrheit.

Zu den Gesetzgebungskompetenzen: Was ist in der Staatspraxis von der Vermutung der Zuständigkeit der Länder geblieben? Man wird sagen dürfen: herzlich wenig. Außerhalb der Länderreservate von Kommunalrecht, Kultur und Bildung sowie innerer Sicherheit dominiert der Bund. Erstens sind diesem in Art. 73 Materien zugewiesen, für die er ausschließlich zuständig ist, wie Pass- und Ausländerrecht, Infrastruktur, Transportwege und Post- und Telekommunikation. Zweitens liegt der Bund in anderen Aufgabenbereichen mit den Ländern im Wettbewerb. Hier, auf dem Feld der konkurrierenden Gesetzgebung, haben die Länder am meisten Boden verloren. Nach der ursprünglichen grundgesetzlichen Konzeption sollten die Länder bei diesen Materien einen zumindest schwachen Vorrang bei der Gesetzgebung haben – allerdings nur so lange und so weit der Bund die in Art. 74 aufgelisteten Materien nicht bundesgesetzlich regelt. Heute dominiert auch hier der Bundesgesetzgeber. Der Grund: Die Voraussetzungen für eine bundesgesetzliche Regelung legt Art. 72 Abs. 2 relativ unbestimmt und so fest, dass die Erforderlichkeit eines Bundesgesetzes nicht sonderlich schwer zu begründen ist. Besonders die Materien Recht der Wirtschaft (Nr. 11), Verhütung des Missbrauchs wirtschaftlicher Macht (Nr. 16) und Abfallbeseitigung, Luftreinhaltung und Lärmbekämpfung (Nr. 24) sowie Gentechnologie etc. (Nr. 26) haben sich als Einfallstore für rege legislative Aktivität des Bundes erwiesen. Hinzu tritt die Rahmengesetzgebung des Bundes (Art. 75), die den Ländern, entgegen dem Willen des Grundgesetzgebers, häufig wenig Raum zur Ausfüllung gelassen hat.

Das Bild verdüstert sich aus dem Blickwinkel der Länder schließlich weiterhin dadurch, dass der Bund zusätzlich ungeschriebene Gesetzgebungskompetenzen in Anspruch genommen hat. »Aus der Natur der Sache« ist der Bund zuständig, wenn eine Angelegenheit wirklich nur vom Bund geregelt werden kann, wie etwa die Festlegung der Bundeshauptstadt oder die Verleihung von Orden der Bundesrepublik. »Kraft Sachzusammenhangs« soll der Bund zuständig sein, wenn eine dem Bund ausdrücklich zugewiesene Materie nicht geregelt werden kann, ohne dass eine andere mitgeregelt wird. Hierbei handelt es sich überwiegend um Gebühren- oder Versorgungsvorschriften. Schließlich wird dem Bund eine »Annexkompetenz« zugebilligt, wenn er eine geschriebene Kompetenz wahrnimmt und dabei notwendige ergänzende Bestimmungen erlassen muss. Als Annex gilt die Gefahrabwehr in Bereichen, für die der Bund zuständig ist, also etwa im Umweltrecht.

Diese ungeschriebenen Kompetenzen sind umstritten, weil sie die grundgesetzliche Zuständigkeitsverteilung ändern und dazu beitragen, dass sich die Gewichte weiter zum Bund hin verschieben. Insgesamt verweist die Staatspraxis in Sachen Gesetzgebung auf einen Trend vom kooperativen zum unitarischen Bundesstaat. Diese Zentralisierung der legislativen Macht beim Bund entspricht weder den Absichten der Besatzungsmächte noch den maßvolleren Vorstellungen der Eltern des Grundgesetzes. Sie ist freilich in diesen angelegt und durch Verfassungsänderungen sowie die Rechtsprechung des BVerfG im Laufe der Jahre verfestigt worden.

Bei den Verwaltungskompetenzen ist die Machtbalance besser und stabiler gelungen. Hier hat das Grundgesetz ein kunstvolles System von Verwaltungstypen geschaffen. Richtigerweise geht es davon aus, dass Bundesgesetze grundsätzlich von den Ländern ausgeführt werden. Entweder in landeseigener oder in Auftragsverwaltung. Richtig und ökonomisch ist diese Entscheidung, weil die Länder ohnehin ihre eigenen Gesetze ausführen, dazu also über einen gegliederten Verwaltungsapparat verfügen. Die Regelungstechnik im Grundgesetz ist einfach: Soweit in den Art. 87 ff. keine besondere Regelung zugunsten des Bundes getroffen worden ist, sind die Länder zuständig. So wird das Baugesetzbuch mangels Erwähnung im Grundgesetz von den Ländern als »eigene Angelegenheit« ausgeführt. Bei Bauvorhaben wenden die Bauaufsichtsbehörden der Länder also Bundesrecht und daneben das Bauordnungsrecht des jeweiligen Landes an. Als Grundsatz gilt: Der Bund regelt das Was – das materielle Recht –, die Länder das Wie – die Organisation der Behörden und das Verwaltungsverfahren. Zur Auslegung des Bundesrechts kann der Bund Verwaltungsvorschriften erlassen. Allerdings bedürfen sie der Zustimmung des Bundesrates. Insofern agieren Bund und Länder »im Verbund«.

Im Bereich der Auftragsverwaltung bleibt das Organisations- und Verfahrensrecht Sache der Länder. Die Gewichte verschieben sich hier jedoch zum Bund, weil dieser die Einrichtung der Behörden und auch das Verwaltungsverfahren regeln kann (Art. 85 Abs. 2). Außerdem hat der Bund weiter gehende Aufsichtsrechte: Er kann nicht nur – wie bei der landeseigenen Verwaltung von Bundesgesetzen – die Rechtmäßigkeit, sondern auch die Zweckmäßigkeit des Gesetzesvollzugs überprüfen. Dazu kann er Berichte und die Vorlage von Akten verlangen.

Für die Ausführung von Bundesgesetzen durch bundeseigene Verwaltung gilt das Enumerationsprinzip. Das bedeutet, sie muss im Grundgesetz explizit vorgesehen sein, wie beispielsweise für den Auswärtigen Dienst, den Luftverkehr, die Bundeswehr, die Binnenschifffahrt sowie die Autobahnen und Bundesstraßen (Art. 87 Abs. 1).

Auch im Bereich der bundeseigenen Verwaltung haben sich die Gewichte verschoben. Allerdings nicht im Verhältnis Bund – Länder, was schlecht möglich wäre, sondern insbesondere durch die Privatisierung von Post, Bahn und Telekommunikation. Der Bund ist Dienstherr der Beamten geblieben. Diese leisten jedoch ihre Dienste in den neu gegründeten Unternehmen.

Wie das Bürgertum einst um das Budgetrecht kämpfte, ringen im Bundesstaat die Länder um Zugang zu den Steuerquellen und um Anteile am Steueraufkommen. Daher richten sie ihren Blick vor allem auf die Finanzverfassung des Grundgesetzes. Denn diese legt fest, wer die Ausgaben für die Aufgaben von Bund bzw. Ländern trägt, wer Steuern »erfinden« darf und wie die Steuereinnahmen des Fiskus zwischen Bund und Ländern zu verteilen sind. Hinsichtlich der Ausgaben gilt der Grundsatz: jeder für sich. Nach dem Grundsatz der Konnexität tragen der Bund oder die Länder die Kosten, die bei der Erfüllung ihrer jeweiligen Aufgaben anfallen (Art.104a Abs.1). Doch kein Grundsatz ohne Ausnahmen (Abs.2–4): Der Bund muss zahlen, wenn Länder Gesetze in seinem Auftrag ausführen. Er ist finanziell mit von der Partie, wenn er Leistungsgesetze betreffend Sozialleistungen und Subventionen verabschiedet. Die Logik liegt auf der Hand: Im ersten Fall wird er für seinen Einfluss auf den Gesetzesvollzug zur Kasse gebeten. Im zweiten soll verhindert werden, dass er finanzielle Leistungen auf Kosten der Länder gewährt. Eine dritte Ausnahme gestattet dem Bund, Ländern für besonders bedeutsame Aufgaben Finanzhilfen zu gewähren.

Hinsichtlich der Steuergesetzgebung ergibt sich eine eindeutige Dominanz des Bundes. Zwar handelt es sich um eine umfassende konkurrierende Gesetzgebung (Art.105 Abs.2). Doch kommen die Länder hier kaum zum Zuge, soweit entweder das Steueraufkommen ganz oder teilweise dem Bund zusteht oder aber die Wirtschaftsein-

Steueraufkommen und Steuerarten (2001)

76

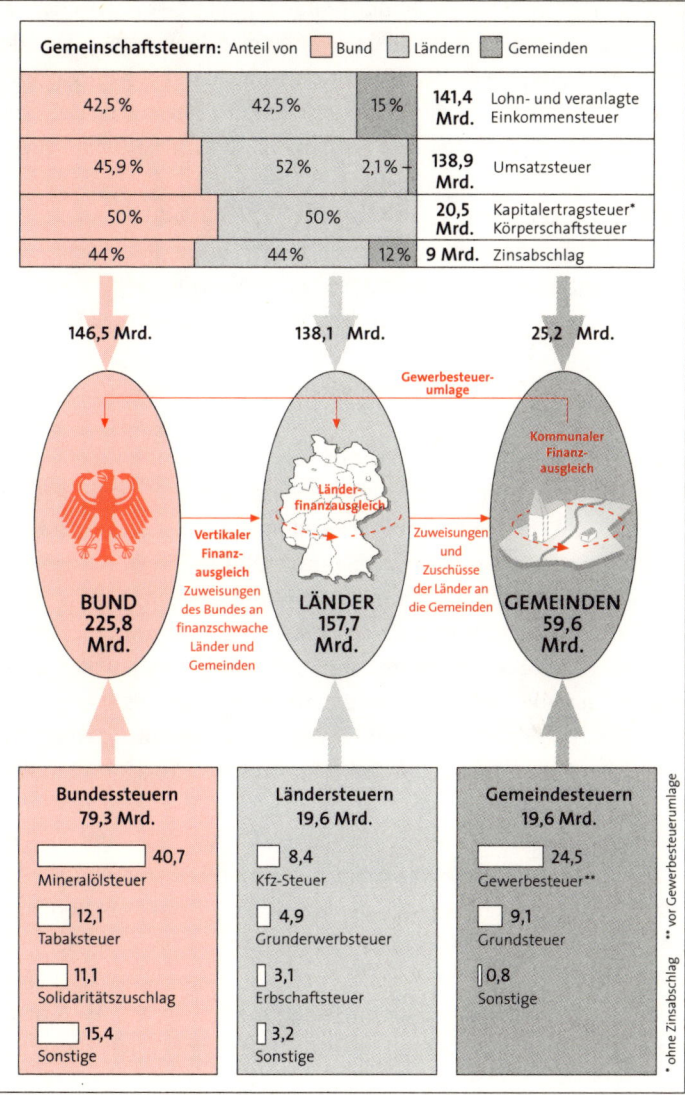

Gemeinschaftsteuern:	Anteil von	Bund	Ländern	Gemeinden		
42,5 %		42,5 %		15 %	141,4 Mrd.	Lohn- und veranlagte Einkommensteuer
45,9 %		52 %		2,1 %	138,9 Mrd.	Umsatzsteuer
50 %		50 %			20,5 Mrd.	Kapitalertragsteuer* Körperschaftsteuer
44 %		44 %		12 %	9 Mrd.	Zinsabschlag

146,5 Mrd. 138,1 Mrd. 25,2 Mrd.

Gewerbesteuer-umlage

Kommunaler Finanz-ausgleich

Länder-finanzausgleich

Vertikaler Finanz-ausgleich
Zuweisungen des Bundes an finanzschwache Länder und Gemeinden

Zuweisungen und Zuschüsse der Länder an die Gemeinden

BUND 225,8 Mrd.

LÄNDER 157,7 Mrd.

GEMEINDEN 59,6 Mrd.

Bundessteuern 79,3 Mrd.	**Ländersteuern 19,6 Mrd.**	**Gemeindesteuern 19,6 Mrd.**
40,7 Mineralölsteuer	8,4 Kfz-Steuer	24,5 Gewerbesteuer**
12,1 Tabaksteuer	4,9 Grunderwerbsteuer	9,1 Grundsteuer
11,1 Solidaritätszuschlag	3,1 Erbschaftsteuer	0,8 Sonstige
15,4 Sonstige	3,2 Sonstige	

* ohne Zinsabschlag   ** vor Gewerbesteuerumlage

heit zu wahren ist. Das aber dürfte in der Praxis fast immer der Fall sein. Den Ländern verbleibt daher nur eine Restkompetenz. Sie oder genauer gesagt: die Gemeinden sind befugt, die – wenig ergiebigen – örtlichen Verbrauch- und Aufwandsteuern zu erheben, also etwa die Hundehaltung oder eine Schankerlaubnis, Zweitwohnungen oder Spielautomaten zu besteuern. Eine zusätzliche Schranke für diese Kompetenz errichtet Art. 105 Abs. 2a. Danach dürfen die Länder eine bereits bundesgesetzlich erschlossene Steuerquelle kein zweites Mal anzapfen. Deshalb sind die Länder beispielsweise daran gehindert, eine der Tabak- oder Mineralölsteuer gleichartige Abgabe zu erheben.

Die schwache Stellung der Länder bei der Steuergesetzgebung legt diesen zwangsläufig nahe, sich bei der Verteilung des Steueraufkommens zwischen Bund und Ländern schadlos zu halten. Für die Steuerertragshoheit und den Finanzausgleich treffen die Art. 106 und 107 nicht eben übersichtliche Regelungen, die sich als ein »Mischsystem« beschreiben lassen, weil hier mehrere Ebenen und Verteilungsgrundsätze kombiniert werden. Auf der ersten Stufe herrscht das Trennprinzip: Danach werden die Erträge bestimmter Steuern entweder dem Bund oder den Ländern oder den Gemeinden zugewiesen. Der Bund erhält die Erträge der in Art. 106 Abs. 1 aufgeführten Zölle und Steuern, die Länder die in Art. 106 Abs. 2 genannten. Den Gemeinden steht das Aufkommen aus der Grund- und Gewerbesteuer zu (Art. 106 Abs. 6).

Auf der zweiten Stufe gilt für die wichtigsten Steuern das Verbundsystem. Das heißt, die Erträge aus der Einkommen-, Körperschaft- und Umsatzsteuer werden ebenfalls vertikal zwischen Bund und Ländern aufgeteilt (Art. 106 Abs. 3). Diese heißen deshalb Gemeinschaftsteuern.

Auf der dritten Stufe wird nach Maßgabe von Art. 107 Abs. 1 und 2 die eigene Finanzausstattung der Länder berechnet und eine Korrektur zugunsten der »ärmeren« Länder vorgenommen. Hier findet ein horizontaler Finanzausgleich statt, der Steuererträge von den »reicheren« zu den »ärmeren« Ländern verschiebt. In einem komplizierten Berechnungsverfahren erhalten Länder mit geringerer Finanzkraft Ausgleichansprüche und werden Länder mit höherer Finanzkraft zum Ausgleich verpflichtet. Umstritten ist, ob der Finanzausgleich auf der Grundlage des Bundesstaates als Solidargemeinschaft oder eines Wettbewerbs zwischen den Ländern vorgenommen werden soll. Das BVerfG hat dazu entschieden, dass die Unterschiede zwischen den Ländern hinsichtlich ihrer Finanzkraft nicht völlig nivelliert werden dürfen (*Finanzausgleich* – E 101, 158). Es hat den Gesetzgeber entsprechend Art. 107 Abs. 2 Satz 2 verpflichtet, die Maßstäbe des Ausgleichs durch Gesetz langfristig festzulegen. Auf dieser Stufe werden nach wie vor heftige bundesstaatliche Konflikte ausgetragen.

Schließlich kann der Bund auf der vierten und letzten Stufe die Finanzkraft besonders leistungsschwacher Länder nochmals verbessern. Das Instrument hierzu sind Ergänzungszuweisungen nach Art. 107 Abs. 2 Satz 3. Diese Zuweisungen des Bundes stellen einen vertikalen Ausgleich dar, der sich freilich in den Rahmen des horizontalen Ausgleichs einfügen muss. Auch insoweit gelten das Nivellierungsverbot und der Grundsatz der föderativen Gleichbehandlung.

WIE SICH DAS GRUNDGESETZ IN DEN EUROPÄISCHEN RAHMEN EINFÜGT

Von der Wirtschaftsgemeinschaft zur politischen Union

Die wüste Hinterlassenschaft des Zweiten Weltkrieges drängte die Einsicht auf, dass der geschlossene Nationalstaat zu überwinden sei, um den erneuten Ausbruch eines militanten Nationalismus zu verhindern. Folgerichtig visierten die Eltern des Grundgesetzes bereits in der Präambel von 1949 ein vereintes Europa an. Der erste konkrete Schritt in diese Richtung wurde wenige Jahre später mit der Gründung der Europäischen Gemeinschaft für Kohle und Stahl, der Montanunion, unternommen. Mitte der 50er Jahre traten mit den »Römischen Verträgen« zwei weitere Gemeinschaften hinzu – die Europäische Wirtschaftsgemeinschaft (EWG) und die Europäische Atomgemeinschaft (Euratom). Diese Europäischen Gemeinschaften befassten sich mit der Entwicklung der Kernindustrien in den Mitgliedstaaten und der Errichtung eines gemeinsamen Marktes. Das ökonomische Bündnis verwandelte sich mit dem Vertrag über die Europäische Union von 1992 (»Maastricht-Vertrag«) in ein auch politisches: Der gemeinsame Binnenmarkt wurde überformt durch eine politische Union. Heute tragen drei unterschiedlich entwickelte Säulen das Unionsdach: die gemeinsame Wirtschafts- und Währungspolitik der Europäischen Gemeinschaften (Art. 1 EU), die Gemeinsame Außen- und Sicherheitspolitik (Art. 11 ff. EU) sowie die polizeiliche und justizielle Zusammenarbeit (Art. 29 ff. EU).

Das Grundgesetz reagiert auf diese dramatischen politischen Entwicklungen und staatsrechtlichen Veränderungen nachgerade unterkühlt. Immerhin führte der Prozess der Integration zu einem staatsähnlichen Gebilde mit eigener Rechtspersönlichkeit, vom Bundesverfassungsgericht vorsichtig als »Staatenverbund« bezeichnet, also weder Staatenbund noch Bundesstaat. An der Präambel des Grundgesetzes war in der Tat nichts zu ändern, da die 1949 vorgegebene Richtung stimmte. Ein »Europaartikel«(Art. 23) und zwei Institutionen – der Bundestagsausschuss für Angelegenheiten der Europäischen Union (Art. 45) und die Europakammer des Bundesrates (Art. 52 Abs. 3a) – spiegeln seit 1992 die fortgeschrittene und weiter fortschreitende Integration der Bundesrepublik in die Europäische Union wider.

Grundgesetz und Rechtsordnung der Europäischen Union

Mit der Gründung der politischen Union spitzte sich die Frage zu, in welchem Verhältnis das Gemeinschafts- bzw. Unionsrecht zum Recht der Mitgliedstaaten steht. Art. 23 Abs. 1 Satz 2 sieht vor, dass Hoheitsrechte auf die Union übertragen werden können, schweigt jedoch zu der Frage, wie bei einer Kollision zwischen nationalem und supranationalem Recht zu entscheiden ist. Im Ergebnis besteht Konsens, dass das Unionsrecht Anwendungsvorrang genießt. Das heißt: Regeln eine unionsrechtliche und eine nationale Rechtsnorm den gleichen Sachverhalt, dann verdrängt das EU-Recht für diesen Fall das Recht eines Mitgliedstaates. Dieser Vorrang betrifft nicht nur das einfache Recht der Mitgliedstaaten, sondern grundsätzlich auch deren Verfassungsrecht. Allerdings gilt für die Grundrechte von Mitgliedstaaten eine Einschränkung. Der unionsrechtliche Vorrang setzt den gleichen Grundrechtsstandard auf EU-Ebene voraus. Sobald die Grundrechte-Charta als geltendes Recht in Kraft ist, wird diese Einschränkung jedoch keine praktische Bedeutung mehr haben.

Bezüglich des Unionsrechts werden zwei Sorten von Normen unterschieden. Zum einen bilden die Gründungsverträge sowie die derzeit noch programmatischen Sätze der Grundrechte-Charta das primäre Unionsrecht, das demnächst in einer europäischen Verfassung zusammengeführt werden soll. Es handelt sich hierbei nach nicht unbestrittener Auffassung heute schon um europäisches Verfassungsrecht, das die Aufgaben der Union und die Kompetenzen der Unionsorgane festlegt. Diese können also nicht beliebige Aufgaben und Zuständigkeiten an sich ziehen, sondern erhalten diese nach dem Prinzip der begrenzten Einzelermächtigung zugewiesen. Zum anderen produzieren die Unionsorgane auf der Grundlage der Verträge und im Rahmen ihrer Kompetenzen das sekundäre Unionsrecht, das zusammen mit dem primären eine eigenständige Rechtsordnung bildet. Hinsichtlich des sekundären Unionsrechts ist nach Art. 249 EG zu unterscheiden zwischen Verordnungen, die künftig als Gesetze der EU in jedem Mitgliedstaat unmittelbar gelten, und Richtlinien, die an die Mitgliedstaaten adressiert sind und diese verpflichten, entsprechend ihrem Inhalt tätig zu werden. Richtlinien dienen der Harmonisierung des mitgliedstaatlichen Rechts. Auf der ersten Stufe wird das Harmonisierungsprogramm also unionsrechtlich bindend festgelegt, auf der zweiten wird dieses von den Mitgliedstaaten umgesetzt.

Das Unionsrecht ist von den Organen der EU, aber auch von den Organen, Behörden und Gerichten der Mitgliedstaaten anzuwenden. Über allen wacht der Europäische Gerichtshof (EuGH), der als eines der fünf Hauptorgane der Union in letzter Instanz das Recht zu wahren hat (Art. 220 EG). Ähnlich wie das BVerfG für die Entwicklung des Grundgesetzes und seiner Grundrechte hat sich der EuGH in seiner Rechtsprechung als äußerst dynamisches Gericht erwiesen. Unter Rückgriff auf den Grundsatz des »effet utile«, wonach jede Norm so auszulegen ist, dass sie ihre volle Wirkung entfalten kann, sowie die »implied powers«, also implizierte Kompetenzen, haben die Luxemburger Richter immer wieder ungeschriebene Zuständigkeiten der Unionsorgane begründet. Unter Rückgriff auf die grundrechtlichen Verfassungstraditionen der Mitgliedstaaten und die EMRK (Art. 6 Abs. 2 EU) haben sie überdies den Grundrechtsschutz verstärkt.

WIE DAS GRUNDGESETZ ANGEWENDET UND GESCHÜTZT WIRD

Auslegung und Anwendung des Grundgesetzes

Für die Auslegung der Verfassung gelten die üblichen Methoden. Juristen bedienen sich vier »canones« der Auslegung, was allerdings mehr Wissenschaftlichkeit verspricht, als die Praxis einzulösen vermag. Nehmen wir als Beispiel den Art. 13 Abs. 1. Hier ist die Frage zu beantworten, ob der Schutz der »Wohnung« auch die Geschäftsräume einschließt. Die erste Auslegungsregel führt zurück zum Gesetzgeber und fragt nach seinem Willen und der Entstehungsgeschichte einer Norm. Deshalb heißt sie historische Auslegung. In unserem Beispiel wäre also zu untersuchen, was der Parlamentarische Rat mit Art. 13 Abs. 1 im Sinn hatte. Dazu müsste man in den Protokollen des Parlamentarischen Rates nachlesen, ob an die Geschäftsräume gedacht wurde, als die Rede von Wohnung war. Die historischen Materialien geben freilich nicht immer und nicht zu jedem Grundgesetzartikel eine klare Auskunft über einen bestimmten Willen oder auch nur den Willen einer Mehrheit. Außerdem wird man annehmen dürfen, dass der historische Gesetzgeber auch wollte, dass sein Werk im Laufe der Zeit durch Auslegung an die veränderten Umstände angepasst und aktualisiert wird. Zu Art. 13 Abs. 1 meinte das Bundesverfassungsgericht, der Grundgesetzgeber habe sich an den historischen Vorläufern orientieren wollen. Die Entstehungsgeschichte gebe keine Hinweise dafür, dass von der traditionell weiten Auslegung des Begriffs »Wohnung« abgewichen werden sollte. Freilich ist das Schweigen der Eltern des Grundgesetzes bzw. der Protokolle des Parlamentarischen Rates kein sonderlich starkes Argument.

In den Fällen, in denen der Text eine einigermaßen klare Aussage enthält, liegt es nahe, sich auf den Wortlaut eines Gesetzes zu konzentrieren. Eine solche grammatische Auslegung ist ergiebiger als die umständliche und ungewisse Suche nach einem historischen Willen. Diese zweite Auslegungsregel führt bei Art. 13 zu einem eindeutigen Ergebnis: Nach dem Wortlaut werden ersichtlich nur Räume erfasst, die Wohnzwecken dienen. Also fallen nach dieser Regel Geschäftsräume nicht in den Schutzbereich. In anderen Fällen zeigen sich die Tücken der grammatischen Auslegung. Gerade wenn man sie besonders dringend braucht, etwa bei vagen, unbestimmten Begriffen wie »Kunst« oder »Religion« und Generalklauseln oder bei normgeprägten Grundrechten wie der Eigentumsgarantie, bietet sie besonders wenig Hilfestellung.

Die dritte Methode wird systematische Auslegung genannt, weil sie sich auf die Stellung einer Norm im Gesetz und die Stellung des Gesetzes in der Rechtsordnung konzentriert. Nimmt man also den systematischen Kontext in den Blick, so fragt man, ob andere Normen aus der Umgebung helfen, den Sinn einer Norm zu erschließen. Ein System zu erkennen oder den relevanten Kontext zu bestimmen ist jedoch nicht immer einfach. Hinsichtlich Art.13 Abs.1 kommen als Kontext dessen weitere Absätze und die anderen grundrechtlichen Garantien der freien Persönlichkeitsentfaltung in Betracht. Daraus erschließt sich kein klares Bild. Denn zum einen gehört zur freien Entfaltung gewiss die ungestörte Berufsarbeit. Das legt nahe, auch die Geschäftsräume zu schützen. Andererseits spricht der personale Charakter dieses Grundrechts dagegen, Betriebsstätten unter den Begriff Wohnung zu subsumieren. Das folgt nach allgemeiner Auffassung auch aus den Absätzen 2 und 3, die nur auf Wohnungen im engeren Sinne zugeschnitten sind.

Abgesehen von der grammatischen Auslegung erfreut sich schließlich die teleologische größter Beliebtheit, weil sie den größten »Spielraum« gewährt. Sie ist von der systematischen Auslegung häufig nicht zu unterscheiden. Denn sie forscht nach dem Zweck und »Grundgedanken« eines Gesetzes. Hier wird der Sinn zum Zweck, und der Ausleger umgeht die Frage, wie sich der Sinn ermitteln lässt. Dessen Bezugspunkte können isolierte Rechtsgüter sein, so in unserem Beispielfall die geschützte Privatsphäre, oder aber komplexe Konfliktlagen, wie beim Schutz der Wohnung das Verhältnis Bürger – Staatsgewalt, wenn es um Strafverfolgung und Gefahrenabwehr geht. In Art.13 können unterschiedliche Schutzzwecke hinein- und wieder herausgelesen werden: ein strikter Schutz der Intim- und Privatsphäre oder ein geminderter Schutz der Geschäfts- und Betriebsräume, in denen nach außen wirkende Tätigkeiten vorgenommen werden. Am Ende lässt sich konstatieren: die Auslegungsmethoden geben zu Art. 13 – wie auch anderswo – keine eindeutige Antwort auf die Frage, ob die »Wohnung« auch Geschäftsräume umfasst. Die Bestimmung des Schutzbereichs von Art. 13 bleibt nach wie vor im Streit.

Noch unübersichtlicher wird die Situation, wenn man bedenkt, dass zwischen den einzelnen Auslegungsmethoden kein Rangverhältnis besteht. Gerichte geben häufig nicht zu erkennen, warum sie welche Methode vorziehen. Dem BVerfG ist vorgeworfen worden, es habe sich ihrer allzu freihändig bedient: Mal wurde der Wortlaut als unübersteigbare Grenze der Interpretation angesehen, mal wurde sogar ein relativ eindeutiger Wortlaut weginterpretiert, wenn »eine sinnvolle Anwendung des Grundgesetzes dies fordert«. Mal hat es die Entstehungsgeschichte als entscheidende Auslegungsmethode bezeichnet, mal hat es auf weiter zurückliegende Ereignisse und Entwicklungen zurückgegriffen. Schließlich hat es mitunter den Boden der herkömmlichen Interpretation verlassen und sachbezogene Grundsätze wie die Gewaltenteilung oder die Funktionsfähigkeit der Strafrechtspflege herangezogen. Wegen der Offenheit der Verfassung ist ein solcher Methodenpluralismus besonders problematisch. Wegen ihres Vorrangs vor allen anderen Normen des nationalen Rechts wäre ein besonders schonender, methodisch angeleiteter Umgang mit dem Normprogramm des Grundgesetzes geboten.

Hieraus folgt, wenn verfassungsrechtlich geschützte Rechtsgüter kollidieren, das Prinzip der praktischen Konkordanz. Dieses Prinzip besagt, dass stets ein möglichst schonender Ausgleich zu suchen ist. Was das praktisch bedeutet, soll an zwei Beispielen illustriert werden. In der Schule kann es, etwa beim Streit um die Einführung der Sexualkunde oder bei der Erprobung von Reformmodellen, zu Konflikten zwischen dem Erziehungsrecht der Eltern und der staatlichen Schulhoheit kommen. Beide »Güter« sind im Grundgesetz, nämlich in Art. 6 Abs. 2 und Art. 7 Abs. 1, verfassungsrechtlich verbürgt. Praktische Konkordanz herzustellen heißt: Beiden müssen Grenzen gezogen werden, und die Grenzziehungen müssen jeweils verhältnismäßig sein, sie dürfen also nicht weiter gehen, als unbedingt notwendig ist. Ein anderer Streitfall: Wer eine andere Person öffentlich kritisiert, kann sich auf seine Meinungsfreiheit berufen. Der Kritisierte wird dagegen sein Allgemeines Persönlichkeitsrecht ins Feld führen. Beide können auf Grundrechtspositionen verweisen. Das Prinzip praktischer Konkordanz gibt zwar nicht die konkrete Lösung vor, aber immerhin ein Lösungsverfahren: Es schließt aus, dass eines der Grundrechte unbedingten Vorrang vor dem anderen hat. Die Gerichte haben die Aufgabe, eine Kompromisslösung zu finden, die jedem Grundrecht gerecht wird. Praktische Konkordanz hat folglich, aufs Ganze gesehen, die Funktion, Widersprüche zwischen Verfassungsnormen zu glätten und die normative Kraft aller Verfassungsnormen zur Geltung zu bringen. In gewisser Weise ist sie ein methodisches Instrument zum Schutz der Verfassung.

Schutz des Grundgesetzes

Die Vorkehrungen zum Schutz der Verfassung sind, wie mehrfach angedeutet, mit der Formel einzuleiten, dass das Grundgesetz hier gegenüber der Weimarer Verfassung besonders innovativ ist. Der Bruch mit der Tradition beginnt mit dem grundgesetzlichen Selbstschutz. Art. 79 Abs. 1 Satz 1 verlangt, dass Gesetze, die das Grundgesetz ändern, nicht auf leisen Sohlen daher kommen, sondern den betreffenden Wortlaut ausdrücklich ändern. Diese Vorschrift will die Weimarer Praxis »verfassungsdurchbrechender« Gesetze unterbinden. Das krasseste Beispiel war das berüchtigte »Ermächtigungsgesetz« vom 23. März 1933. Mit diesem entmachtete eine fragwürdige Zweidrittelmehrheit den Reichstag, übertrug die Legislativfunktion auf den Reichspräsidenten und bereitete damit den Übergang zur Führerdiktatur vor.

Art. 79 Abs. 2 erschwert Verfassungsänderungen im Unterschied zu Art. 76 und 78 WRV dadurch, dass zwei Drittel der gesetzlichen Mitglieder sowohl des Bundestages als auch des Bundesrates nicht nur anwesend sein, sondern der Änderung auch zustimmen müssen. Art. 79 Abs. 3 setzt absolute Grenzen. Menschenwürdegarantie, Bundesstaatsprinzip, Demokratieprinzip, Prinzip des Rechtsstaates und des Sozialstaates sind selbst einer Zweidrittelmehrheit entzogen. Die Verfassung enthält somit für ihre Fundamentalnormen eine Bestandsgarantie, die logischerweise auch den Art. 79 Abs. 3 selbst umfasst. Andernfalls könnte diese leicht umgangen werden, indem man zunächst den Art. 79 Abs. 3 änderte.

Wenn von Verfassungsschutz die Rede ist, werden häufig nur die in der Öffentlichkeit aufgrund ihrer Geheimpraxis durchaus umstrittenen Institutionen gemeint: die Verfassungsschutzämter, deren Aufgabe es ist, die freiheitliche demokratische Grundordnung, den Bestand des Bundes oder eines Landes abzusichern. Neben dem Bundesamt für Verfassungsschutz operieren als Bundesoberbehörden noch der Bundesnachrichtendienst und der Militärische Abschirmdienst, die »nachrichtendienstliche Auslandsaufklärung« betreiben bzw. Sicherheitsaufgaben in der Bundeswehr wahrnehmen. Wesentliche Aufgabe der Verfassungsschutzämter ist die Beobachtung von partei- oder vereinsmäßig organisierten Bestrebungen, die sich gegen die verfassungsmäßige Ordnung richten. Insofern sind sie eine institutionelle Ausprägung der **streitbaren Demokratie**. Zur S. 90 Praxis der Verfassungsschutzbehörden wäre einiges zu sagen. Hier nur so viel: Nachrichtendienste bilden einen Fremdkörper in einer demokratischen Republik. Denn sie müssen – naturgemäß – das Licht der Öffentlichkeit scheuen. Ihre Aufgaben und Befugnisse erschweren auch eine nachträgliche, effektive Kontrolle durch Parlamente und Gerichte. Überdies führt die Zergliederung der Verfassungsschutzbehörden im Bundesstaat dazu, dass sie dazu neigen, ihre Informationen wie Privateigentum zu hüten und sich wechselseitig gegeneinander abzuschotten. Folglich liegt auch die Kooperation im Argen.

Zum konstitutionellen Selbstschutz gehört nicht zuletzt die Einrichtung eines Verfassungsgerichts. Dieses ist ausgestattet mit den Kompetenzen eines Fachgerichts für alle Verfassungsfragen. Getrennt von der Staatsleitung und der Gesetzgebung, fällt dem Bundesverfassungsgericht nach Art. 93 vor allem die Aufgabe zu, Konflikte zwischen Bund und Ländern oder zwischen Bundesorganen und deren Teilen zu schlichten sowie die Verfassungsmäßigkeit von Gesetzen und Gerichtsurteilen zu überprüfen. Also kann kein Zweifel daran bestehen, dass das BVerfG und nicht etwa der Bundespräsident »Hüter des Grundgesetzes« ist. Das Verfassungsgericht muss in allen Streitfällen den Vorrang der Verfassung zur Geltung bringen. Dieser Vorrang gilt gegenüber allen Normen des nationalen Rechts und kann auch durch die Berufung auf überpositive Normen nicht umgangen werden. Zu beachten ist allerdings der Anwendungsvorrang des EU-Rechts.

Gegen die Verfassungsgerichtsbarkeit und insbesondere gegen einige ihrer Entscheidungen ist die Kritik vorgebracht worden, hier werde Politik im Mantel des Rechts betrieben und die parlamentarische Demokratie in einen Justizstaat verwandelt. Solche Kritik geht freilich zu einem Teil am Grundgesetz vorbei. Denn als geschriebene Verfassung gebietet das Grundgesetz zwangsläufig, dass es ausgelegt, angewendet und sein Vorrang gegenüber dem einfachen Recht durchgesetzt wird. Die Verfassung liefert die rechtlichen Maßstäbe, an denen politische Entscheidungen zu überprüfen sind. Die Verfassung hat die Aufgabe sicherzustellen, dass der politische Prozess nicht aus dem Ruder läuft und dass die gleiche Freiheit aller bei der Grundrechtsausübung gewährleistet ist. Wo – wenn nicht bei einem Verfassungsgericht – wären diese Aufgaben besser aufgehoben?

Dass das Bundesverfassungsgericht in den etwa 50 Jahren seines Bestehens diese Aufgaben erstaunlich gut erledigt hat, lässt sich schwerlich bestreiten. Für seinen Erfolg spricht auch, dass es von allen politischen Institutionen in der Bevölkerung das größte Ansehen genießt. Das schließt nicht aus, an einzelnen Entscheidungen, an seinen Auslegungsmethoden und an seinem Rollenverständnis Kritik zu üben. In einer Demokratie ist ein Verfassungsgerichtshof kein Quasi-Monarch, den zu kritisieren Majestätsbeleidigung wäre. Die Überzeugungskraft verfassungsgerichtlicher Urteile beruht insbesondere darauf, dass sich das Gericht um die Konkretisierung des Grundgesetzes bemüht, Distanz hält zum politischen Tagesgeschäft und zu aktiver Politikgestaltung. Hier hat das Bundesverfassungsgericht nicht immer die nötige richterliche Selbstbeschränkung walten lassen. Dennoch kann den Verfassungsrichtern nicht vorgeworfen werden, sie hätten den demokratischen Souverän entmündigt und sich zu »Richterkönigen« aufgeworfen.

VERTIEFUNGEN

Streitbare Demokratie

Unter dem Eindruck der von politischen Krisen erschütterten Weimarer Republik und des Aufstiegs der Nationalsozialisten schrieb der Politikwissenschaftler Karl Loewenstein 1932 einen Aufsatz zu den Grenzen politischer Freiheit. Er bestritt die weit verbreitete Auffassung, die Demokratie sei eine selbstmörderische Regierungsform, weil sie selbst denen, die sie bekämpfen und abschaffen wollen, alle öffentlichen Arenen und Foren öffne und rechtlichen Schutz gewähre. In der Tat hatte unter anderen auch der spätere Propagandaminister der Führerdiktatur, Joseph Goebbels, die angebliche Wehrlosigkeit der Weimarer Demokratie verhöhnt: »Das wird immer einer der besten Witze der Demokratie bleiben, dass sie ihren Todfeinden die Mittel selbst stellte, durch die sie vernichtet wurde.« Loewenstein hielt der Selbstmord-These die Konzeption einer »militant democracy« entgegen, heute »streitbare«, »abwehrbereite« oder »wehrhafte« Demokratie genannt. Im Kern besagt diese Konzeption, dass sich eine Demokratie durchaus nicht in Widerspruch zu ihren Prinzipien setzt, wenn sie Schutzmaßnahmen gegen ihre Feinde ergreift. Loewenstein knüpfte damit an eine Praxis an, der bereits in der Französischen Revolution die Jakobiner gefolgt waren. Damals hatte der nicht für seine Liberalität bekannte Revolutionär Saint-Just die Parole ausgegeben: »Keine Freiheit für die Feinde der Freiheit.« Nach Maßgabe dieser Losung schickten die Jakobiner alle möglichen, mutmaßlichen »Feinde der Revolution« – das heißt ihre politischen Gegner aus dem Lager der royalistischen Gegenrevolutionäre wie auch Kritiker aus dem eigenen Lager – bedenkenlos auf die Guillotine.

Als hätte es in der Weimarer Republik keine Republikschutzgesetze, keine Strafbestimmungen gegen Hochverrat und »gewaltsame

Verfassungsänderungen«, keine Notverordnungen zum Schutz des inneren Friedens und keine Republikschutzorgane gegeben, machte im Parlamentarischen Rat die These von der »wehrlosen Republik« die Runde. Dieser sollte das Grundgesetz eine »wehrhafte« entgegensetzen. Daher hob der Parlamentarische Rat die »streitbare Demokratie« aus der Taufe und verankerte sie im Grundgesetz. Demokratische Abwehrbereitschaft muss in der Tat nicht geradewegs in den jakobinischen Tugendterror führen, gleichwohl wirft sie drei Fragen auf, denen sich ein Verfassungsgeber nicht entziehen kann: Wer ist ein »Feind« der demokratischen Freiheit? Welche staatliche Gewalt darf eine »Feinderklärung« aussprechen? Welches sind in einem Verfassungsstaat dazu die verfahrensmäßigen Voraussetzungen und die Rechtsfolgen? Den Eltern des Grundgesetzes stellten sich diese Fragen nicht in ihrer ganzen Schärfe. Denn in der Frühgeschichte der Bundesrepublik hatten alle noch die Terrorregime des Nationalsozialismus und des Stalinismus vor Augen. Deren Zerstörungswerk gab allen Ansätzen, die darauf abzielten, eine Neuauflage totalitärer Herrschaft zu unterbinden, eine historische Rechtfertigung und bedrängende Plausibilität. Wer unter dem Banner einer nationalsozialistischen oder stalinistischen Ideologie in der Öffentlichkeit die Demokratie bekämpfte, konnte zwanglos als deren »geborener Feind« definiert und abgewehrt werden.

Das Grundgesetz stellte dazu mit dem Parteiverbot (Art. 21 Abs. 2), dem Vereinsverbot (Art. 9 Abs. 2) und der Grundrechtsverwirkung (Art. 18) die, wie man glaubte, notwendigen und effektiven Instrumente bereit. Für ein Parteiverbot wie für die Verwirkung der Grundrechte sollte nur das BVerfG zuständig sein. Vereinigungen sollten von der Exekutive verboten werden können und dann Rechtsschutz bei den Verwaltungsgerichten suchen. Bald zeigte sich, dass diese Instrumente der streitbaren Demokratie vornehmlich gegen organisierte Bestrebungen zur Beseitigung der Demokratie in Anschlag gebracht wurden. In Sachen Grundrechtsverwirkung gingen in den folgenden fünfzig Jahren weniger als ein halbes Dutzend Anträge beim BVerfG ein. Keiner hatte Erfolg. Dagegen wurden die Verbote zahlreicher extremistischer Vereinigungen, wie etwa der »Nationalen Front«, »Wehrsportgruppe Hoffmann« und »Wiking Jugend«, von militanten Exilkroaten und dem »Kalifatsstaat« etc., letztinstanzlich vom Bundesverwaltungsgericht bestätigt. Dreimal war das BVerfG mit dem Verbot einer Partei befasst. In den ersten beiden Verfahren kam es zu einem Verbot. Das letzte, gegen die NPD gerichtete, endete 2003 mit der Einstellung des Verfahrens.

Gleichsam zur Beglaubigung der doppelten, antitotalitären Stoßrichtung der Abwehrbereitschaft stellte die Bundesregierung in den frühen 50er Jahren beim BVerfG einen Verbotsantrag gegen die Sozialistische Reichspartei (SRP), eine Nachfolgeorganisation der NSDAP, und die Kommunistische Partei (KPD). Mit dem Antrag gegen die KPD, immerhin eine Partei, die im Parlamentarischen Rat vertreten war, tat sich das Gericht besonders schwer und zögerte die Entscheidung lange hinaus. Dennoch folgte es in beiden Fällen dem Anliegen der Bundesregierung und erklärte 1952 die SRP und 1956, nach einem langen Verfahren und mit einem überlang begründeten Urteil, schließlich auch die KPD für verfassungswidrig. Das Bundesverfassungsgericht nahm damit die junge bundesrepublikanische Demokratie in Schutz gegen das, »was wir von früher und von drüben kannten«. Beide Entscheidungen waren geprägt von der Antitotalitarismus-Theorie und der Konstellation des »Kalten Krieges« zwischen West und Ost und »belehrt durch die Erfahrungen der jüngsten Vergangenheit«, Grenzen ziehen zu müssen. Hinsichtlich der KPD war das Verfassungsgericht gezwungen, den Schutz der freiheitlichen demokratischen Ordnung in einen Bereich vor zu verlagern, in dem von einer greifbaren Gefährdung keine Rede sein konnte. Gegen beide Urteile, vor allem aber gegen das Verbot der KPD, brachten Kritiker vor, das BVerfG habe neben der freiheitlichen Ordnung des Grundgesetzes eine militante »Nebenverfassung« installiert und damit die Demokratie in einen Widerspruch mit sich selbst verwickelt.

Der Kritik ist zuzugeben, dass mit Antitotalitarismus bzw. Antiextremismus keine angemessenen Kriterien für ein Parteiverbot genannt sind. Illustrieren lässt sich diese Problematik an den so genannten »Extremistenbeschlüssen« des Bundeskanzlers und der Regierungschefs der Länder von 1972, die darauf abzielten, Extremisten aus dem öffentlichen Dienst zu entfernen bzw. vom öffentlichen Dienst fern zu halten. Auf der Grundlage dieser Beschlüsse, auch als »Radikalenerlass« bezeichnet, kam es in den Folgejahren zu massenhaften Überprüfungen der »Verfassungstreue« von Beamten und Bewerbern für den öffentlichen Dienst, die zu zahlreichen Berufsverboten führten. Der Exekutive wurde vorgeworfen, sie betreibe systematische Gesinnungsschnüffelei und schaffe mit ihrer Überprüfungspraxis ein Klima der Verdächtigung und Einschüchterung. Einer der Streitpunkte war, ob Einstellungsbehörden bei ihrer Entscheidung über die Eignung eines Bewerbers auch die bloße Mitgliedschaft in einer nicht verbotenen Partei zum Nachteil des Bewerbers bewerten dürfen. In einer unter den Richtern umstrittenen und in der Öffentlichkeit teilweise äußerst scharf kritisierten Entscheidung hatte das BVerfG Gelegenheit, die Berufsverbotspraxis zu überprüfen (*Radikale im öffentlichen Dienst* – E 39, 334). Es dehnte die Verfassungstreue der Beamten in einer besonders fragwürdigen Passage zur Staatstreue aus: »Die politische Treuepflicht – Staats und Verfassungstreue – fordert mehr als nur eine formal korrekte, im übrigen uninteressierte, kühle, innerlich distanzierte Haltung gegenüber Staat und Verfassung ... Vom Beamten wird erwartet, daß er diesen Staat und seine Verfassung als einen hohen positiven Wert erkennt und anerkennt, für den einzutreten sich lohnt. Politische Treuepflicht bewährt sich in Krisenzeiten und in ernsthaften Konfliktsituationen, in denen der Staat darauf angewiesen ist, daß der Beamte Partei für ihn ergreift. Der Staat – und das heißt hier konkre ter, jede verfassungsmäßige Regierung und die Bürger – muß sich darauf verlassen können, daß der Beamte in seiner Amtsführung Verantwortung für diesen Staat, für ›seinen‹ Staat zu tragen bereit ist, daß er sich in dem Staat, dem er dienen soll, zu Hause fühlt.« Diese Staats- und Verfassungstreue verknüpfte das BVerfG mit der »wehrhaften Demokratie«: »Der freiheitliche demokratische Rechtsstaat kann und darf sich nicht in die Hand seiner Zerstörer geben.« Daraus folgerte es hinsichtlich der Parteimitgliedschaft von Beamten(anwärtern): »Der Umstand, daß die dem Bundesverfassungsgericht vorbehaltene Entscheidung über die Verfassungswidrigkeit bisher nicht ergangen ist, hindert nicht, daß die Überzeugung gewonnen und vertreten werden darf, diese Partei verfolge verfassungsfeindliche Ziele und sei deshalb politisch zu bekämpfen.« Diese Staats- und Treuelyrik signalisiert eine erhebliche Distanz zu den Bedingungen einer Verfassungstreue, die einer demokratischen Republik angemessen ist. Aufs Ganze gesehen, hat sie paradoxerweise eher zur Delegitimierung der Berufsverbotspraxis beigetragen, wie übrigens auch zwanzig Jahre später ein Urteil des Europäischen Gerichtshofs für Menschenrechte. Dieser entschied, die Entlassung einer deutschen Gymnasiallehrerin wegen ihrer langjährigen Mitgliedschaft in der Deutschen Kommunistischen Partei greife unverhältnismäßig in ihre Freiheitsrechte ein.

Im Parteiverbotsverfahren gegen die NPD, das Anfang 2001 eingeleitet wurde, hatte das BVerfG nahezu fünfzig Jahre nach den beiden ersten und bis dahin einzigen Entscheidungen zu Art. 21 Abs. 2 erneut Gelegenheit, sich zur Wehrhaftigkeit der nunmehr Berliner Republik gegen parteimäßig organisierte antidemokratische Bestrebungen zu äußern. Erstmals hatten alle drei in Frage kommenden Antragsteller – Bundesregierung, Bundestag und Bundesrat – von ihrem Antragsrecht Gebrauch gemacht. Es kam jedoch zu keiner Entscheidung in der Sache. Im Laufe des Verfahrens wurde aufgedeckt, dass die NPD von den Verfassungsschutzbehörden beobachtet worden war. Im Rahmen ihrer gesetzlichen Befugnisse nach § 8 des Verfassungsschutzgesetzes hatten die Behörden auch V-Leute, also NPD-Mitglieder, zur Informationsbeschaffung angeworben und eingesetzt. Eine Praxis, die man politisch für anstößig halten mag, die jedoch den Regeln der streitbaren Demokratie entspricht. Eine Minderheit im Zweiten Senat des BVerfG sah daraufhin das Prinzip der Staatsfreiheit parteilicher Willensbildung verletzt. Damit war klar, dass die zu einer möglichen Verbotsentscheidung erforderliche Zweidrittelmehrheit nicht zustande kommen würde. In einer komplizierten verfahrensrechtlichen Entscheidung wurde das Verfahren ohne mündliche Verhandlung über die Frage einer möglichen Steuerung der NPD durch den Verfassungsschutz und ihrer Verfassungswidrigkeit eingestellt. Vertan war damit – auch nach Auffassung der Richtermehrheit – die Chance des Gerichts, eine zeit- und grundgesetzgemäße Verbotsbegründung zu entwickeln. Zwei Folgen dieser Entscheidung zeichnen sich ab: Erstens dürfte sich für ein weiteres Parteiverbotsverfahren künftig kein Antragsteller mehr finden. Damit verlagert sich die Auseinandersetzung mit potentiell verfassungswidrigen Parteien vom öffentlichen Forum des Verfassungsgerichts dennoch nicht, wie viele Kritiker der streitbaren Demokratie fordern, zurück in die Zivilgesellschaft, sondern in die nachrichtendienstliche Ausspähpraxis der Verfassungsschutzbehörden. Schwerlich ein Sieg von Rechtsstaat und Demokratie, wie einige Kommentatoren meinten. Zweitens wird der Grundsatz der Staatsfreiheit nunmehr zwangsläufig auch in den Vereinsverbotsverfahren eine größere Rolle spielen. Wenn Parteien während eines Verbotsverfahrens nicht ausgespäht werden dürfen, werden Vereinigungen das gleiche Recht für sich reklamieren. Es bleibt abzuwarten, ob das Bundesverwaltungsgericht – oder auch das BVerfG, wenn es erneut angerufen wird – sich die Alternative »Beobachten oder Verbieten« zu Eigen macht bzw. bekräftigt.

Minderheitenschutz

Minderheiten können aufgrund ihrer zahlenmäßigen Schwäche als überstimmte Gruppe oder aufgrund ihrer besonderen Lebenslage und Merkmale schutzbedürftig sein. Auf das Problem der Zahl bezieht sich der politische, auf die Lebenslage der soziale Minderheitenschutz. Beide sind im Grundgesetz (GG) verankert.

Dass Gruppen, die im politischen Prozess überstimmt werden, Rücksichtnahme verdienen, ist ein Gebot der Demokratie. Dieser liegt das Prinzip zugrunde, dass alle Mitglieder eines Gemeinwesens vor allen sie betreffenden oder letztlich von ihnen zu verantwortenden Entscheidungen zu Wort kommen und gehört werden müssen und dass alle Entscheidungen im Konsens gefällt werden. Von diesem demokratischen Ideal hat sich die Praxis in den real existierenden Demokratien aus praktischen Erwägungen und auch weniger präsentablen Gründen weit entfernt. Statt der tatsächlichen Wortmeldung reicht deren Möglichkeit. Statt des Einstimmigkeitsprinzips herrscht die Mehrheitsregel auf allen Ebenen einer parlamentarischen Demokratie. Mit dem Wahl- oder Abstimmungsmodus ist diese Regel fest installiert. Wie lässt sich das mit dem demokratischen Prinzip vereinbaren? Der Triumph der Mehrheitsregel ist nicht damit zu erklären, dass Mehrheiten die Wahrheit oder Richtigkeit für sich haben. Die Geschichte lehrt: Mehrheiten irren ebenso häufig und ebenso folgenreich wie Minderheiten. Für die Mehrheitsregel sprechen jedoch pragmatische Überlegungen. Sie ermöglicht, den Entscheidungsbedarf mit einem begrenzten zeitlichen Aufwand und einer angemessenen zahlenmäßigen Unterstützung abzuarbeiten. Auch das allein wäre kein zureichender Grund für die Überstimmten, eine Entscheidung zu akzeptieren, also etwa ein gegen ihre Stimme beschlossenes Gesetz zu befolgen.

Hier kommt das demokratische Prinzip ins Spiel. Nach diesem ist ein Entscheidungssystem, das nach der Mehrheitsregel operiert, dann legitim, wenn es Minderheiten die Chance eröffnet, Mehrheit zu werden. Eine Verfassung kann solchen Wechsel weder vorschreiben noch garantieren, wohl aber Vorkehrungen treffen, die verhindern, dass sich Mehrheiten »verewigen«. Das Grundgesetz kommt einem Wechsel mit allen Bestimmungen entgegen, die Herrschaft auf Distanz halten und Räume schaffen, in denen politische Alternativen zur Sprache kommen können. Minderheiten schützende Funktion haben also die rechtsstaatlichen Grundsätze und die Grundrechte, insbesondere die Freiheiten öffentlicher Kommunikation, die Parteigründungsfreiheit und das Wahlrecht, periodische Wahlen und entsprechend begrenzte Amtsperioden der Entscheidungsträger.

Wann immer sich Mehrheiten an den Regeln und Grundsätzen zu schaffen machen, die den Prozess der öffentlichen Willensbildung oder die staatlichen Entscheidungsverfahren betreffen, laufen Minderheiten Gefahr, dauerhaft majorisiert zu werden. Beispiele: Zensurmaßnahmen oder Demonstrationsverbote behindern die Kritik der Regierungspolitik und die öffentliche Erörterung von Alternativen. Partei- und Vereinsverbote schließen bestimmte politische Programme von der organisierten Durchsetzung aus. Quoren für Wahlvorschläge und Sperrklauseln im Wahlrecht erschweren Minderheiten den Zugang zu den Parlamenten. Im Namen des Minderheitenschutzes sind daher an solche Eingriffe strenge Anforderungen zu stellen. So ist in einer konsolidierten Demokratie kein zwingender Grund erkennbar, Parteien nicht in die Parlamente zu lassen, die weniger als 5% der Wählerstimmen erhalten oder weniger als drei Direktmandate erringen (§ 6 Abs. 6 Bundeswahlgesetz).

Repräsentative Demokratien müssen besonderen Wert auf den Schutz parlamentarischer Minderheiten legen, weil hier die Mehrheitsregel zur alltäglichen Entscheidungsroutine gehört, das Wechselspiel zwischen Mehrheit und Minderheit (= Opposition) also besonders sichtbar ist. Das Grundgesetz und die Geschäftsordnung des Bundestages enthalten einige Vorschriften, die Minderheiten begünstigen oder jedenfalls schützen: Ein Drittel der Mitglieder kann die Einberufung des Bundestages durchsetzen. Ein Zehntel kann beantragen, die Öffentlichkeit von einer Sitzung auszuschließen. Ein Viertel kann die Einsetzung eines Untersuchungsausschusses verlangen. Fünf Prozent der Mitglieder können eine Fraktion bilden. Mitglieder des Bundestages, die sich zusammenschließen, ohne Fraktionsstärke zu erreichen, können als parlamentarische Gruppe anerkannt werden.

Auf soziale Gruppen, die aufgrund ihnen eigener oder geschriebener Merkmale, ihrer Erfahrung oder ihres Lebensschicksals als Minderheiten schutzbedürftig sind, verweisen die Diskriminierungsverbote. Art. 3 Abs. 3 entfaltet das in modernen Verfassungen übliche Panorama des Schutzes sozialer Minderheiten. Es erscheint paradox, dass mit den Frauen der überwiegende Teil der Bevölkerung als soziale Gruppe firmiert. Dieses spezielle Gleichheitsgebot und Verbot geschlechtsspezifischer Diskriminierung verdeutlicht, dass es nicht unbedingt auf die Zahl ankommt, sondern wie hier auch auf die historische Erfahrung der Benachteiligung und deren Folgewirkungen. Abgesehen von den Frauen, nichtehelichen Kindern (Art. 6 Abs. 5) und Behinderten (Art. 3 Abs. 3 Satz 2) geben die anderen Merkmale des Art. 3 Abs. 3 zumindest nicht auf den ersten Blick eine soziale Gruppe zu erkennen. Gleichwohl liegen auch diesen spezifische historische Erfahrungen zugrunde. Die Geschichte der Merkmale »Glauben«, »religiöse Anschauungen«, »Herkunft«, »Heimat« und »Sprache« reicht zurück bis weit in das 19. Jahrhundert und darüber hinaus. »Rasse« und »Abstammung« verweisen auf die millionenfache Entrechtung, Verfolgung und Ermordung vor allem der deutschen Bevölkerung jüdischer Herkunft durch die Nationalsozialisten.

Abgesehen vom Merkmal »Geschlecht« ist die praktische Bedeutung der anderen Kriterien für Differenzierungsverbote gering. Bis zum Jahre 2000 ergingen zu Art. 3 Abs. 3, abgesehen vom Merkmal »Geschlecht«, ganze 50 verfassungsgerichtliche Entscheidungen. Das sind 0,7 % der Gesamtzahl der veröffentlichten Entscheidungen. Weitere Ergänzungen des Merkmalkatalogs, wie Nationalität, sexuelle Orientierung oder Alter sowie eine Schutzklausel für nationale ethnische und kulturelle Minderheiten, konnten sich bei den Beratungen zur Änderung des Grundgesetzes in den 90er Jahren nicht durchsetzen.

Geschlechterverhältnis

Das Verhältnis der Geschlechter zueinander gehört zu den Lebensbereichen und Verhältnissen, die eine Verfassung, will sie denn die wesentlichen Fragen des Lebens in Gesellschaft regeln, nicht ausklammern kann. So errichtet auch das GG zwar keine umfassende und detaillierte »Geschlechterordnung«, enthält jedoch eine Reihe von Bestimmungen, die für die rechtlichen Beziehungen zwischen Frauen und Männern bedeutsam sind. Hier eine Übersicht: An der Spitze steht das allgemeine Gleichheitsgebot (Art. 3 Abs. 1), das hinsichtlich des Verhältnisses der Geschlechter durch die Gleichberechtigung von Frauen und Männern konkretisiert wird (Art. 3 Abs. 2 Satz 1). Im nächsten Satz wird dem Staat aufgegeben, die tatsächliche Durchsetzung der Gleichberechtigung zu fördern. Art. 3 Abs. 3 Satz 1 stellt noch einmal unmissverständlich klar, dass die öffentliche Gewalt nicht den Zweck verfolgen darf, nach dem Unterschied von Frau und Mann zu bevorzugen oder zu benachteiligen. Für den Zugang zu öffentlichen Ämtern und die Ausübung des Wahlrechts bekräftigen Art. 33 Abs. 1 und 2 und Art. 38 Abs. 1 Satz 1 die Gleichheit der Geschlechter. Art. 6 Abs. 1 schützt mit Ehe und Familie eine bestimmte Lebensform. Nach erheblichen Kontroversen und gegen starke Widerstände hat sich nunmehr die Auffassung durchgesetzt, dass die allgemeine Handlungsfreiheit (Art. 2 Abs. 1) auch nichteheliche und gleichgeschlechtliche Lebensgemeinschaften grundrechtlich in Schutz nimmt. Art. 6 Abs. 4 garantiert der Mutter einen Anspruch auf Schutz und Fürsorge. Art. 6 Abs. 5 schützt die nichtehelichen Kinder vor Diskriminierungen.

Das Prinzip ist klar: Mit einem neuen Grundrecht zieht das Grundgesetz einen Schlussstrich unter die schier endlose Geschichte der Benachteiligung von Frauen innerhalb und außerhalb des Rechts. Die Erklärung der Menschen- und Bürgerrechte von 1789 ließ die Französische Revolution vor der patriarchalischen Tradition Halt machen und beschränkte sich auf die Formulierung der Gleichheit von Männern. Auch die Paulskirchenverfassung von 1848/49 und die Preußische Verfassung von 1850 hatten für die deutschen oder preußischen Frauen keine Grundrechte im Sinn. Nicht infrage gestellt wurde der Ausschluss der Frauen aus dem öffentlichen Leben, der Politik und leitenden Funktionen in der Wirtschaft. Ihre Domäne waren Haus und Familie. Bei der Erwerbsarbeit kamen sie als Tagelöhnerinnen, Gesinde und später Arbeiterinnen in Betracht. Unter männliche Geschlechtsvormundschaft gestellt, hatten sie bis in das 20. Jahrhundert erhebliche bürgerlich-rechtliche Einschränkungen zu erdulden. Die Weimarer Verfassung legte einen ersten Schnitt, führte das Frauenwahlrecht ein, gewährte Frauen grundsätzlich die gleichen staatsbürgerlichen Rechte und gründete die Ehe, auch grundsätzlich, auf die Gleichberechtigung der Geschlechter. Die Grundrechte der WRV hatten als bloße Programmsätze freilich nicht die normative Kraft, Ungleichbehandlungen nach Maßgabe des Geschlechts vollends zu beseitigen.

Mit dem Verbot jeder Form der geschlechtsspezifischen Diskriminierung geht das Grundgesetz einen erheblichen Schritt weiter und vollendet – rechtlich – die Gleichstellung der Geschlechter.

Dass die Rechtsgleichheit von Frauen und Männern als inzwischen weitgehend durchgesetzt erscheint, ist nicht zuletzt auch auf die Nachhilfe des Bundesverfassungsgerichts (BVerfG) zurückzuführen. Zunächst drängte es den Gesetzgeber, mit Blick auf das Grundgesetz, zu Rechtsfortschritten im Familienrecht. Die patriarchalische Familie mit Entscheidungsvorrechten für den Mann bzw. Vater wich bis zum Ende der 70er Jahre einem weitgehend partnerschaftlichen Eheverständnis: Der Familienname war nicht mehr automatisch der des Ehemannes, sondern von den Ehepartnern gemeinsam zu bestimmen. In Erziehungsfragen entfiel der Stichentscheid des Mannes zugunsten der gleichberechtigten elterlichen Sorge. Das Recht auf Erziehungsgeld und Elternzeit und, wenngleich noch nicht voll realisiert, das Recht auf einen Kindergartenplatz ebneten den Weg zur Gleichstellung der Frauen. Bund und Länder haben inzwischen Gleichstellungsgesetze erlassen und den öffentlichen Dienst der Frauenförderung geöffnet. Frauen- und Gleichstellungsbeauftragte in allen Bereichen der Verwaltung haben, bei allen noch zu behebenden Mängeln, den grundrechtlichen Schutz vor Diskriminierungen verstärkt. Freilich kann von gleichen Bedingungen für Männer und Frauen auf dem Arbeitsmarkt und folglich auch in der Alterssicherung noch keine Rede sein. Frauen werden bei Krisen leichter vom Arbeitsmarkt verdrängt als Männer. Anfang der 90er Jahre waren vier Fünftel der über 65-Jährigen, die ihren allgemeinen Lebensunterhalt durch Sozialhilfe bestreiten müssen, Frauen. Die typische Arbeitsbiographie von Frauen führt dazu, dass diese kürzere Versicherungszeiten vorweisen und entsprechend niedrigere Renten beziehen. Hier bleibt, trotz aller Fortschritte, noch viel zu tun.

Umstritten sind die so genannten Frauenquoten. Bezeichnet werden damit Vorrangregeln oder Zielvorgaben, die – ausgehend von Art. 3 Abs. 2 Satz 2 – vorsehen, dass ein bestimmter Prozentsatz von Stellen in einem Verwaltungsbereich oder einer Dienststelle mit Frauen besetzt wird. Die häufigste Quotenformel lautet: Bei gleicher Qualifikation und Eignung sind weibliche Bewerberinnen bevorzugt zu berücksichtigen, bis die Zahl der weiblichen Beschäftigten x Prozent erreicht. Das BVerfG musste sich zu Quotenregelungen bisher noch nicht äußern. Allerdings wird seine Rechtsprechung so verstanden, dass es eine flexible und für Härtefälle offene Bevorzugung von

Frauen bei gleicher Qualifikation nicht beanstanden würde. Der EuGH entschied 1995 (*Kalanke* – EuGHE I 1995, 3051), dass nach Maßgabe des Unionsrechts Quotenregelungen nicht automatisch zu einer Bevorzugung von Frauen führen dürfen. Sie sind aber bei einem Leistungspatt zulässig, sofern nicht im Einzelfall in der Person des Mannes liegende Gründe überwiegen. Solche Gründe dürfen ihrerseits Frauen nicht diskriminieren. Kein neutrales Kriterium ist das Dienstalter, da es die von Frauen typischerweise zu leistende Familienarbeit unterschlägt.

Religionsfreiheit

Seit jeher bilden Religionen Gemeinschaften und binden die Loyalität ihrer Angehörigen. Diese soziale Energie von Religionen und die von ihnen ausgehende polarisierende Kraft fordern den Staat heraus, der seinerseits Souveränität und Gehorsam beansprucht. Beide, politische Herrschaft bzw. Staat und Religion bzw. Kirche, beschränkten sich nicht auf ihren Bereich. Wie der Staat keine anderen Herren neben sich duldete, also den Gehorsam zu monopolisieren und die Wirkungen der Kirche zu kontrollieren suchte, begnügte sich diese nicht damit, die Heilsgüter zu verwalten, sondern war immer auch an politischer Macht interessiert. Hierin liegt der Kern der spannungsreichen Beziehung zwischen Staat und Religionsgemeinschaften. So beginnt auch die moderne Zeitrechnung mit erbitterten und blutigen Kämpfen um die Freiheit von Glauben, Gewissen und Weltanschauung und wird begleitet von der schrittweisen Trennung der weltlichen von den geistlichen Mächten. In Europa finden sich drei Ansätze, den Dauerkonflikt zwischen Staat und Religion, repräsentiert durch die Großkirchen, zu zähmen. England wählte den Weg einer Staatskirche, die die konkurrierenden Machtansprüche vereinigt. Frankreich »reinigte« den Staat im Laizismus von allen spirituellen Ansprüchen und verwies die Religion in den Bereich der Privatangelegenheiten. In Deutschland bildete sich eine Kompromisslösung heraus: eine Kooperation zwischen den Kirchen und dem ihnen gegenüber neutralen Staat.

Am Anfang dieses dritten Weges steht der Augsburger Religionsfriede von 1555. Der gab mit diesem erstmals festgelegten Grundsatz »cuius regio, eius religio« den fürstlichen Landesherren das Recht, die Religionszugehörigkeit ihrer Untertanen zu bestimmen. Er entschärfte den Konflikt zwischen Kirchenhoheit und Staatshoheit, ohne jedoch den Religionszwang zu beseitigen. Der Westfälische Friede von 1648 setzte dem Dreißigjährigen Krieg ein Ende, etablierte die Gleichheit der Religionsparteien, auch der drei Großkirchen, und führte zu einem ersten vorsichtigen Schritt in Richtung Religionsfreiheit: Grundsätzlich war die Staatsgewalt zur Toleranz verpflichtet und hatte die Gewissensfreiheit und das Auswanderungsrecht der Untertanen zu respektieren. Von der »vollkommenen Glaubens- und Gewissensfreiheit«, die das Preußische Allgemeine Landrecht verwirklicht zu haben behauptete, waren die deutschen Territorien, einschließlich Preußen, auch zum Zeitpunkt des Erlasses dieses Gesetzes 1794 ein erhebliches Stück entfernt. Bis weit in das 19. Jahrhundert hinein blieb es bei der Privilegierung der drei seit dem Westfälischen Frieden bevorrechtigten Großkirchen und bei der Diskriminierung der jüdischen Religion und aller Sekten. Überdies bedurften Religionsgemeinschaften zu ihrer Gründung einer staatlichen Genehmigung. Erst die WRV garantierte die individuelle und kollektive Religionsfreiheit ohne landesherrliche Vorbehalte und strich die »Kirchenhoheit« aus dem Begriff der Staatshoheit.

An die Weimarer Konzeption knüpft das Grundgesetz an. Nach dem Kampf des Nazi-Regimes gegen die Kirchen betont es die »ungestörte Religionsausübung« (Art. 4 Abs. 2). Nach den Katastrophen zweier Weltkriege verbürgt Art. 4 Abs. 3 das Recht, aus Gewissensgründen »den Kriegsdienst mit der Waffe« zu verweigern. Frühzeitig hat das Bundesverfassungsgericht (BVerfG) in seiner eher »religionsfrei-

heitsfreundlichen« Rechtsprechung die unterschiedlichen Schutzbereiche des Art. 4 zu einem einheitlichen Schutzbereich zusammen-
gezogen, dessen Grenzen weit gesteckt und die Rechtfertigung von
Eingriffen erschwert. Es ist dabei häufig dem Selbstverständnis der
Kirchen, Religions- und Weltanschauungsgemeinschaften gefolgt und
hat diesem ausdrücklich eine wichtige Bedeutung für die Bestimmung des Schutzbereichs zuerkannt. Damit der Schutz nicht jegli-
che Kontur verliert, wird jedoch einschränkend gefordert, es müsse
sich »auch tatsächlich, nach geistigem Gehalt und äußerem Erschei-
nungsbild, um eine Religion und Religionsgemeinschaft handeln«.
Mit der bloßen Behauptung eines Glaubens oder einer Religion ist es
also nicht getan.

Die Folgen und Probleme dieser Grundrechtsentwicklung treten
brennpunktartig in zwei Entscheidungen zutage, dem *Kruzifix*-Be-
schluss von 1997 (E 93, 1) und dem *Kopftuch*-Urteil von 2003 (NJW
2003, 3122). Beide signalisieren, dass, erstens, die sozialen Energien
der Religion noch nicht verbraucht, ja, in multikulturellen Gesellschaften eher gestiegen und konfliktträchtig sind wie eh und je. Zweitens:
dass sich der zur Neutralität verpflichtete Staat in einem nahezu un-
lösbaren Dilemma befindet, wenn er der negativen und der positiven Religionsfreiheit in gleicher Weise Rechnung zu tragen versucht.

Im *Kruzifix*-Fall hatte das BVerfG darüber zu befinden, ob der staatliche Schulherr für Volksschulen anordnen darf: »In jedem Klassen-
zimmer ist ein Kreuz anzubringen.« So geschehen in Bayern. In einem
zähen und langwierigen Konflikt hatten die Eltern zweier schul-
pflichtiger Kinder zunächst die Schulverwaltung davon zu überzeu-
gen versucht, dass die Kruzifixe oder Kreuze in den Schulzimmern ihrer
Kinder sowohl deren negative Religionsfreiheit wie auch ihre Weltanschauung und elterlichen Erziehungsvorstellungen verletzen. Sie
hatten damit keinen Erfolg. Nicht besser erging es ihnen vor den Verwaltungsgerichten. Der Anblick eines Kreuzes oder Kruzifixes, meinten diese, sei eine vergleichbar geringfügige Belastung. Außerdem

präge die Schule durch den Unterricht, nicht durch bildliche Darstellungen an den Wänden der Schulzimmer. In einer der wohl umstrittensten Entscheidungen seiner Geschichte stellte sich die Mehrheit der Verfassungsrichter des Ersten Senats auf die Seite der Beschwerdeführer und erklärte den angegriffenen §13 der bayerischen Volksschulordnung für verfassungswidrig und nichtig. Die Richter hoben hervor, die staatliche Neutralität in Glaubensfragen sei für die friedliche Koexistenz der Anhänger unterschiedlicher Religionen und Weltanschauungen von besonderer Bedeutung. Zur besonderen Erbitterung der Kruzifix-Befürworter stellten sie fest: »Zusammen mit der allgemeinen Schulpflicht führen Kreuze in Unterrichtsräumen dazu, daß die Schüler während des Unterrichts von Staats wegen und ohne Ausweichmöglichkeit mit diesem Symbol konfrontiert sind und gezwungen werden, ›unter dem Kreuz‹ zu lernen.« Die Anbringung von Kreuzen in Klassenzimmern überschreite daher die von der negativen Religionsfreiheit gezogenen und vom Staat zu beachtenden Grenzen. Drei der Verfassungsrichter verwiesen in einem abweichenden Votum auf das Recht des Staates, die »christliche Gemeinschaftsschule« organisatorisch auszugestalten und dabei der »Tatsache Rechnung zu tragen, daß die Mehrzahl der in seinem Gebiet lebenden Staatsbürger einer christlichen Kirche angehört«. Außerdem sei die »negative Religionsfreiheit kein Obergrundrecht, das die positiven Äußerungen der Religionsfreiheit im Falle des Zusammentreffens verdrängt«. Beides keine Argumente, die für die Belange von Minderheiten besondere Sensibilität an den Tag legen.

Ein Sturm der Entrüstung brach los. Nicht wenige Kritiker sahen in der *Kruzifix*-Entscheidung den Untergang des Abendlandes heraufziehen. Auch führende Politiker fielen mit Beschimpfungen, die Stil und Maß einer Urteilsschelte weit überschritten, über das Verfassungsgericht her. Was war geschehen? Die Richtermehrheit hatte versucht, zwischen zwei Aspekten eines vorbehaltlos verbürgten Grundrechts – der negativen und der positiven Religionsfreiheit – einen möglichst schonenden Ausgleich zu finden. Dass in öffentlichen Räumen Erstere aufgrund der staatlichen Neutralitätspflicht Vorrang hat, ist weder unplausibel noch sensationell. Freilich stellte sich die *Kruzifix*-Entscheidung quer zu früheren verfassungsrichterlichen Sprüchen, die – in einer Verbeugung vor der (problematischen) Kooperation von Staat und Kirchen – etwa das freiwillige (?) Schulgebet oder die christliche Gemeinschaftsschule (welche Gemeinschaft?) abgesegnet hatten. Ohne solche Vorentscheidungen wären der *Kruzifix*-Beschluss weniger brisant und die Reaktionen der Öffentlichkeit wohl moderater ausgefallen.

Die mittlerweile recht zahlreichen Kopftuch-Fälle verweisen auf die Zunahme kultureller Konflikte in zeitgenössischen Gesellschaften, seien sie mehr oder weniger multikulturell geprägt. Wiederum steht die Religion im Zentrum. Ein Ort der Handlung unter anderen ist die Schule. Zwei Aspekte dieser Konstellation sind jedoch neu. In der Kopftuch-Kontroverse steht der Staat nicht einer der etablierten Großkirchen gegenüber, sondern einer »fremden« Religion, dem Islam. Wegen dieser Fremdheit und wegen dessen für hiesige Verhältnisse rigider religiöser Gebote und Verbote werden die sozialen Energien und politischen Machtansprüche der islamischen Religion besonders augenfällig und werden als besonders bedrohlich wahrgenommen.

Bevor im Jahre 2003 das BVerfG erstmals mit der Frage befasst war, ob eine muslimische Lehrerin ihre Schüler mit Kopftuch unterrichten dürfe, hatten bereits mehrere oberste Gerichtshöfe und zahlreiche Instanzgerichte zu den Rechtsfragen des Kopftuchtragens am Arbeitsplatz Stellung genommen. Das Bundesarbeitsgericht hielt die Kündigung einer Verkäuferin allein wegen ihrer Weigerung, bei der Arbeit ihr Kopftuch abzulegen, für rechtswidrig. Der Arbeitgeber habe grundsätzlich auch auf die Glaubensfreiheit einer Arbeitnehmerin Rücksicht zu nehmen. Der Europäische Gerichtshof für Menschenrechte hielt dagegen die im laizistischen Kanton Genf erlassene Verfügung gegen das Kopftuchtragen im Unterricht für gerechtfertigt. Sie verstoße weder gegen die Religionsfreiheit noch gegen das Verbot der geschlechtsspezifischen Diskriminierung nach Art. 9 bzw. 14 EMRK. Das Bundesverwaltungsgericht folgte dieser Linie und verneinte die Eignung einer Lehramtsanwärterin, die mit Kopftuch unterrichten wollte. Die nahe liegende Frage, ob das Kopftuch-Verbot nicht eine unzulässige Diskriminierung aufgrund des Geschlechts, der Religion oder der ethnischen Zugehörigkeit im Sinne von Art. 3 Abs. 3 oder der gemeinschaftsrechtlichen Antidiskriminierungs-Richtlinien darstellt, ließen die obersten Verwaltungsrichter ungeprüft. Gegen diese Entscheidung rief die betroffene Lehramtsanwärterin das Verfassungsgericht an.

Die Antwort der Verfassungsrichter war ein klares Jein: Drei Richter des Zweiten Senats blieben insofern auf der Spur des Kruzifix-Beschlusses, als sie am strikten Vorrang des Prinzips staatlicher Neutralität festhielten. Außerdem schränkten sie die Grundrechtsposition staatlich bediensteter Lehrer erheblich ein. Nicht einmal auf eine Differenzierung zwischen Grund- und Hauptschule einerseits und Gymnasien andererseits wollten sie sich einlassen. Ihr Ergebnis: Kein »islamisches Kopftuch« in den Schulen. Die Mehrheit von fünf Richterinnen und Richtern sah das nicht ganz so streng. Sie unterschied zunächst zwischen staatlich angeordneten religiösen Symbolen, also beispielsweise dem Kruzifix, und staatlich geduldeten, wie dem Kopftuch einer Lehrerin. Die mit einem Kopftuch verbundene religiöse Aussage müsse sich der Staat nicht »als von ihm beabsichtigt zurechnen lassen«. Sodann entzog sich die Richtermehrheit einer Entscheidung und nahm stattdessen die 16 Landesgesetzgeber in die Pflicht, »das unvermeidliche Spannungsverhältnis zwischen positiver Glaubensfreiheit eines Lehrers einerseits und der staatlichen Pflicht zu weltanschaulich-religiöser Neutralität, dem Erziehungsrecht der Eltern sowie der negativen Glaubensfreiheit der Schüler andererseits unter Berücksichtigung des Toleranzgebots zu lösen«. Da bei dem zu findenden »Mittelweg« auch Schultraditionen, die konfessionelle Zusammensetzung der Bevölkerung und ihre religiöse Verwurzelung berücksichtigt werden dürfen, kann die Kopftuch-Problematik in den Bundesländern also unterschiedlich geregelt werden. Baden-Württemberg hat mit dem Entwurf zur Änderung des Schulgesetzes den Anfang gemacht. Danach dürfen »Lehrkräfte keine politischen, religiösen oder weltanschaulichen Bekundungen abgeben, die die Neutralität des Landes gegenüber Schülern und Eltern oder den Schulfrieden gefährden oder stören könnten«. Weitere Gesetze in den Bundesländern und Rechtsstreitigkeiten zeichnen sich ab.

Konstruktives Misstrauensvotum

Während der Amtsperiode einer Bundesregierung gibt es für das Parlament zwei Möglichkeiten, diese zu stürzen: die Vertrauensfrage scheitern zu lassen oder mit einem konstruktiven Misstrauensvotum einen neuen Bundeskanzler zu wählen. In parlamentarischen Demokratien ist die Vertrauensfrage das klassische Instrument des Regierungschefs, sich seiner Mehrheit im Parlament zu versichern. Das Grundgesetz schreibt in Art. 68 Abs. 1 für einen solchen Antrag die Mehrheit der Mitglieder des Bundestages, also die absolute Mehrheit (Art. 121), vor. Wird diese Mehrheit verfehlt, verliert der Bundeskanzler nicht automatisch sein Amt, wird jedoch in der Regel zurücktreten und dem Bundespräsidenten vorschlagen, den Bundestag aufzulösen. Es kommt zu Neuwahlen, es sei denn der Bundestag bewältigt vorher die Regierungskrise und wählt einen anderen Bundeskanzler.

Aus eigener Initiative kann das Parlament dem Bundeskanzler das Vertrauen nur dadurch entziehen, dass es mehrheitlich einen Nachfolger wählt und den Bundespräsidenten ersucht, den Kanzler zu entlassen (Art. 67 Abs. 1). Dieses Misstrauensvotum ist konstruktiv, weil es in der Neuwahl eines Bundeskanzlers zur Geltung kommt.

Deutscher Bundestag
9. Wahlperiode

Drucksache 9/2004

28. 09. 82

Sachgebiet 1

Antrag
der Fraktionen der CDU/CSU und FDP

nach Artikel 67 des Grundgesetzes

Der Bundestag wolle beschließen:

Der Deutsche Bundestag spricht Bundeskanzler Helmut Schmidt das Mißtrauen aus und wählt als seinen Nachfolger den Abgeordneten Dr. Helmut Kohl zum Bundeskanzler der Bundesrepublik Deutschland.

Der Bundespräsident wird ersucht, Bundeskanzler Helmut Schmidt zu entlassen.

Bonn, den 28. September 1982

Dr. Zimmermann und Fraktion

Mischnick und Fraktion

Konstruktives Misstrauensvotum gegen Bundeskanzler Helmut Schmidt 1982.

Mit dieser Regelung zieht das Grundgesetz einmal mehr die Konsequenz aus der Parlamentspraxis in der Weimarer Republik. Insgesamt viermal konnten sich die Fraktionen im Reichstag nur auf den kleinsten Nenner des Regierungssturzes, nicht aber eine neue Regierung einigen.

In der Geschichte der Bundesrepublik gab es bisher zwei solcher Misstrauensanträge. Auslöser waren jeweils von Abgeordneten der FDP ausgehende Koalitionskrisen. Im Frühjahr 1974 signalisierten einige von ihnen Widerstand gegen die Ostpolitik Willy Brandts, genauer: der sozialliberalen Koalition von SPD und FDP. Am 24.4.1972 stellte die Fraktionsgemeinschaft der CDU/CSU daraufhin im Bundestag den Antrag, dem Bundeskanzler Willy Brandt das Misstrauen auszusprechen und als dessen Nachfolger den Abgeordneten Rainer Barzel zu wählen. Der Antrag verfehlte denkbar knapp die erforderliche Mehrheit, weil zwei Abgeordnete der CDU nicht für Barzel gestimmt hatten. Einem hatte, wie sich nach dem Zusammenbruch der DDR herausstellte, die Staatssicherheit für 50 000 DM die Stimme abgekauft. Brandt blieb weiterhin Bundeskanzler.

Im Februar 1982 stellte der damalige Bundeskanzler Helmut Schmidt angesichts abbröckelnder Mehrheiten für seine Politik im Bundestag die Vertrauensfrage. Die Kanzlermehrheit sprach ihm das Vertrauen aus. Es sollte jedoch für ihn nur bei einer Atempause bleiben. Bald danach verhandelte die FDP-Fraktion mit der CDU/CSU-Fraktionsgemeinschaft über einen Regierungswechsel. Am 28.9.1982 stellte wiederum die CDU/CSU, diesmal unterstützt von der FDP, die damit die sozialliberale Regierung verließ, einen Misstrauensantrag gemäß Art. 67. Der CDU-Abgeordnete Helmut Kohl wurde mit absoluter Mehrheit zum Bundeskanzler gewählt und trat die Nachfolge des Kanzlers Helmut Schmidt an.

Aus der Handhabung des konstruktiven Misstrauensvotums lässt sich schließen, dass es bisher seinen Zweck erfüllt hat, die Bundesregierung vor destruktiven Mehrheiten im Bundestag zu schützen und vom Parlament ausgelöste Regierungskrisen zu vermeiden. Freilich bürgen weniger der Art. 67 als vielmehr ein die Demokratie »tragendes«, ihre Regeln befolgendes Mehrparteiensystem und die Fraktionsloyalität der Abgeordneten für die Stabilität der parlamentarischen Demokratie.

Gesetzesvorbehalt

Die Eltern des Grundgesetzes wollten keine grenzenlose Freiheit verbürgen, sondern die Grundrechte auf das Leben in der Gesellschaft einstellen. Zugleich sollte garantiert werden, dass die Verwaltung nicht freihändig in grundrechtliche Schutzbereiche eingreift, sondern nur dort und soweit sie der Gesetzgeber ausdrücklich dazu ermächtigt. So sieht das Grundgesetz, mit Blick auf die Bedeutung der jeweiligen Grundrechte, unterschiedliche Eingriffsmöglichkeiten vor. Hier gilt die Faustregel: Je gewichtiger oder verletzbarer eine grundrechtlich geschützte Freiheit, desto höher die Anforderungen an einen Eingriff in ihren Schutzbereich. Diese Regel lässt sich an den verschiedenen »Vorbehalten« illustrieren, unter denen Grundrechte stehen.

Zu unterscheiden sind Grundrechte mit einfachem oder qualifiziertem Gesetzesvorbehalt und Grundrechte, die nach ihrem Wortlaut vorbehaltlos garantiert sind. In einer Reihe von Grundrechten heißt es *einfach*, dass sie »durch Gesetz oder aufgrund eines Gesetzes beschränkt werden« können. Unter einem solchen einfachen Gesetzesvorbehalt steht zum Beispiel das Recht, sich unter freiem Himmel zu versammeln (Art. 8 Abs. 2). Ausgefüllt worden ist dieser Gesetzesvorbehalt vor allem durch das Versammlungsgesetz, das zum Beispiel eine Anmeldepflicht vorsieht und regelt, dass Versammlungen aufgelöst oder verboten werden können. Bisweilen gibt der Wortlaut des Grundgesetzes nicht eindeutig zu erkennen, ob ein einfacher Gesetzesvorbehalt gemeint ist. So spricht Art. 12 Abs. 1 Satz 1 davon, dass »die Berufsausübung durch Gesetz oder aufgrund eines Gesetzes geregelt werden« kann. »Berufsausübung« liest das BVerfG in seiner Rechtsprechung als »Berufsfreiheit«, und »geregelt« setzt es gleich mit »beschränkt«. Ein einfacher Gesetzesvorbehalt also, der sich auf alle Aspekte der beruflichen Freiheit erstreckt.

Ein *qualifizierter* Gesetzesvorbehalt legt die Eingriffsschwelle höher: Hier verlangt das Gesetz nicht nur eine gesetzliche Grundlage für einen Grundrechtseingriff. Vielmehr muss eine zusätzliche Voraussetzung gegeben sein. So lässt sich eine Einschränkung der Freizügigkeit nach Art. 11 Abs. 2 nur für solche Fälle rechtfertigen, »in denen eine ausreichende Lebensgrundlage nicht vorhanden ist und der Allgemeinheit daraus besondere Lasten entstehen würden«. Als zweite Alternative reicht auch »die Abwehr einer drohenden Gefahr«. Art. 5 Abs. 2 macht Eingriffe in die Freiheit der Meinungsäußerung, Presse und Berichterstattung von drei Qualifizierungen abhängig: Schutz der Jugend, Ehrenschutz und »allgemeine Gesetze«. Die beiden ersten leuchten unmittelbar ein. Bei den »allgemeinen Gesetzen« versteckt sich die Qualifizierung im Wort »allgemein«. Gemeint ist damit nämlich nicht wie in Art. 19 Abs. 1, dass Gesetze, die Grundrechte einschränken, »allgemein und nicht nur für den Einzelfall gelten« sollen. Art. 5 Abs. 2 verlangt zusätzlich, dass solche Gesetze nicht bestimmte Äußerungen verbieten, sondern meinungsneutral sind. Ein Beispiel für ein meinungsneutrales Gesetz ist § 185 StGB, der »Beleidigungen ... mit Freiheitsstrafe oder mit Geldstrafe ... bestraft«.

Bei den Grundrechten ohne Gesetzesvorbehalt, wie der Freiheit von Kunst und Wissenschaft (Art. 5 Abs. 3) oder dem Schutz von Ehe und Familie (Art. 6 Abs. 1), gibt das Grundgesetz dem Gesetzgeber keine Eingriffsmöglichkeiten. Auch diese Grundrechte sind jedoch nicht schrankenlos verbürgt. Sie stehen unter einem *Verfassungsvorbehalt*. Wenn ihr Gebrauch mit anderen Grundrechten oder Verfassungsgütern kollidiert, können sie durch dieses kollidierende Verfassungsrecht in ihre Schranken gewiesen werden. Allerdings muss eine solche Schrankenziehung die Ausnahme bleiben, da das Grundgesetz offensichtlich keine Kollisionen gesehen und keine Eingriffe vorgesehen hat. Die Methode, mit der solche Kollisionen gelöst werden, heißt praktische Konkordanz. Das heißt: In Kollisionsfällen müssen sich letztlich die Gerichte um einen schonenden Ausgleich bemühen. Unter dem Stichwort Religionsfreiheit ist diese Methode am Beispiel der Kopftuch-Problematik durchgespielt worden.

In der verfassungsgerichtlichen Rechtsprechung ist das System der Gesetzesvorbehalte in zwei Richtungen weiterentwickelt worden. Die erste schränkt die Möglichkeit ein, Eingriffe »aufgrund eines Gesetzes« vorzunehmen. Ursprünglich hatte die Verwaltung nach dieser Alternative die Befugnis, »aufgrund« eines entsprechenden Gesetzes eigene Regelungen, also insbesondere Rechtsverordnungen, zu erlassen. Dem trat das Bundesverfassungsgericht (BVerfG) mit seiner »Wesentlichkeitslehre« entgegen. Nach dieser Doktrin darf der Gesetzgeber eine Regelung nicht an die Exekutive delegieren, sondern muss »in grundlegenden normativen Bereichen, zumal im Bereich der Grundrechtsausübung, alle wesentlichen Entscheidungen selbst treffen«. Als weitere Faustregel ist also festzuhalten: Je intensiver der Grundrechtseingriff, desto eher ist er »wesentlich«. Die Wesentlichkeitslehre begründet also einen *Parlamentsvorbehalt* zur Verstärkung der Grundrechte. So verlangte das BVerfG bereits 1972, dass Einschränkungen der Grundrechte von Strafgefangenen, wie etwa die Überwachung ihrer Post, nicht durch Verordnung, sondern grundsätzlich durch (Parlaments-)Gesetz zu regeln seien (*Strafgefangene* – E 33, 1).

Die Wesentlichkeitslehre wurde in den Folgejahren auf eine Reihe grundrechtssensibler Bereiche erstreckt, insbesondere auf die Schule. Für organisatorische und inhaltliche Schulreformen (Förderstufe, Sexualkunde), die höchst intensiv die Grundrechte von Schülern und Eltern betreffen, wurde der Gesetzgeber in die Pflicht genommen, das Wesentliche selbst gesetzlich festzulegen und nicht der staatlichen Schulverwaltung zu überlassen.

Die andere Richtung, in der das BVerfG den Gesetzesvorbehalt konkretisierte, betrifft auch die Alternative »durch Gesetz«. Nunmehr geht es um die Frage, wie ein Gesetz auszusehen hat und in welchem Ausmaß Freiheit eingeschränkt werden darf. Ähnlich wie bei den qualifizierten Gesetzesvorbehalten werden also die inhaltlichen Anforderungen näher bestimmt. Ausgehend von der Bindung auch der Gesetzgebung an die Grundrechte (Art. 1 Abs. 3), hat das Verfassungsgericht in zahlreichen Entscheidungen die Zwecke und Mittel bei Grundrechtseingriffen einer Verhältnismäßigkeitskontrolle unterworfen.

Grundsatz der Verhältnismäßigkeit

Der Verhältnismäßigkeitsgrundsatz entstammt dem Polizeirecht und verpflichtet alle Polizei- und Ordnungsbehörden seit langem, von mehreren möglichen und geeigneten Maßnahmen diejenige zu treffen, die den Einzelnen und die Allgemeinheit am wenigsten beeinträchtigt und nicht zu einem Nachteil führt, der zu dem angestrebten Erfolg erkennbar außer Verhältnis steht. Der Grundsatz stellt klar, dass eine polizeiliche Maßnahme nur so lange zulässig ist, bis ihr Zweck erreicht ist oder sich zeigt, dass er nicht erreicht werden kann. Inzwischen ist der Verhältnismäßigkeitsgrundsatz, auch Übermaßverbot genannt, zu einem verfassungsrechtlichen Schlüsselbegriff aufgestiegen. Seine Grundlage bilden das Rechtsstaatsprinzip und die Grundrechte.

Als Grundsatz mit Verfassungsrang gilt er für alle staatlichen Maßnahmen. Er unterwirft sie einer vierstufigen Prüfung: Zunächst ist zu fragen, ob der vom Staat verfolgte Zweck und das vom Staat eingesetzte Mittel legitim sind. Das ist immer dann der Fall, wenn sich der Gesetzgeber oder die Verwaltung im Rahmen einer ihm bzw. ihr zugewiesenen Aufgabe bewegt. Beispiel: Da der Gesetzgeber nach Art. 74 Abs. 1 Nr. 19 GG die Aufgabe hat, übertragbare Krankheiten zu bekämpfen, ist es grundsätzlich legitim, Impfungen vorzuschreiben.

Auf der zweiten Stufe wird untersucht, ob das vom Gesetzgeber oder der Verwaltung eingesetzte, legitime Mittel auch geeignet ist, den angestrebten Zweck zu erreichen. Kurz: das Mittel muss den Zweck fördern. Um bei dem Beispiel zu bleiben: Die vorgeschriebene Impfung muss sich dazu eignen, die Übertragung der Krankheit zu verhindern, um deren Bekämpfung es geht.

Auf der dritten Stufe erfolgt die Prüfung der Erforderlichkeit. Hier wird gefragt, ob der Zweck mit einem gleich wirksamen, aber weniger intensiv in Grundrechte eingreifenden Mittel erreicht werden könnte. Die Frage nach der Erforderlichkeit bildet in der Praxis zumeist das Herzstück der Verhältnismäßigkeitsprüfung. Allerdings wird hier dem Gesetzgeber oder der Verwaltung eine Einschätzungsprärogative zugebilligt. Zum Beispiel: Die Impfung kann geeignet sein, muss aber nicht notwendig sein, wenn geringfügigere, aber ebenso wirksame Maßnahmen zur Verfügung stehen.

Schließlich wird auf der vierten Stufe untersucht, ob der mit dem eingesetzten Mittel bewirkte Eingriff und der mit dem Eingriff verfolgte Zweck in einem angemessenen Verhältnis zueinander stehen. Man bezeichnet diesen Prüfungsschritt auch als Verhältnismäßigkeit im engeren Sinne oder als Angemessenheit bzw. Zumutbarkeit. Hier findet eine Abwägung statt. Vorgaben für eine solche Abwägung enthält bisweilen das Grundgesetz, insbesondere mit seinen Grundrechten. So verleiht Art. 5 Abs. 2 dem Schutz der Jugend mehr Gewicht als der freien Meinungsäußerung. Dem Wortlaut von Art. 12 Abs. 1 lässt sich entnehmen, dass die Berufswahl mehr Gewicht hat als etwa die Berufsausübung. Folglich bedürfen Maßnahmen, die die Wahl eines Berufs einschränken, gewichtigerer Rechtfertigungsgründe. Daraus hat das Bundesverfassungsgericht (BVerfG) im Hinblick auf Eingriffe in die Berufsfreiheit die »Stufenlehre« entwickelt und zwischen wichtigen, besonders wichtigen und überragend wichtigen Gemeinschaftsgütern unterschieden. Je erheblicher der Eingriff ist, desto gewichtiger müssen die Gemeinschaftsgüter sein.

Reichlich Anschauungsmaterial für den Sinn und die Problematik von Verhältnismäßigkeitsprüfungen liefert die *Cannabis*-Entscheidung des BVerfG (E 90, 145). In dieser hatte das Gericht unter anderem darüber zu befinden, ob der Genuss von Cannabis (Haschisch) durch ein »Recht auf Rausch« geschützt sei, ob also die Strafbarkeit des Haschischkonsums gegen Art. 2 Abs. 1 verstoße. Die Richter lehnten ein »Recht auf Rausch« ab, prüften aber die Verhältnismäßigkeit der Eingriffe in die Freiheit der Person durch die Strafvorschriften des Betäubungsmittelgesetzes (BtMG). In einem ersten Schritt bestätigte das Gericht dem Gesetzgeber, es sei seine Sache, den Bereich strafbaren Handelns festzulegen, und es sei grundsätzlich legitim, eine drogenfreie Gesellschaft anzustreben und Jugendliche mit Hilfe von Strafbestimmungen auch von »weichen Drogen« fern zu halten. Auf der zweiten Stufe bescheinigte das Gericht dem Gesetzgeber, er habe die Bestrafung des Konsums von Cannabis für ein dazu geeignetes Mittel halten dürfen, auch wenn sich die Gesundheitsgefahren durch Haschischkonsum insgesamt als geringer darstellten, als bei Erlass des Gesetzes angenommen. Auch die Erforderlichkeitsprüfung fiel positiv aus: Die kriminalpolitische Diskussion darüber, ob eher die Freigabe oder die Bestrafung zu einem Rückgang des Cannabiskonsums führen werde, sei noch nicht abgeschlossen. Daher habe der Gesetzgeber die Wahl zwischen mehreren potentiell geeigneten und erforderlichen Wegen. Nachdem das BVerfG auf den ersten drei Stufen der Verhältnismäßigkeitsprüfung dem Gesetzgeber weit entgegen gekommen war, musste sich der Kern der Entscheidung auf die vierte Stufe, die Verhältnismäßigkeit im engeren Sinne, konzentrieren. Hier unterschieden die Richter denn auch behutsam zum einen zwischen dem umfassenden strafrechtlichen Verbot des Umgangs mit Haschisch zum Schutz der Bevölkerung, zum anderen zwischen Handeltreiben und Eigenkonsum. Beim Erwerb und Besitz »geringer Mengen zum gelegentlichen Eigenverbrauch« seien die Rechtsgütergefährdung und das öffentliche Interesse an einer Bestrafung so gering, dass die generelle Androhung von Kriminalstrafe übermäßig erscheine.

Abgesehen von hier nicht dargestellten fragwürdigen Aspekten, wie etwa der im Vergleich zu Haschisch allzu freundlich-harmlosen Bewertung des Alkohols, verdeutlicht die *Cannabis*-Entscheidung ein methodisches Problem, das regelmäßig auf der vierten Stufe der Verhältnismäßigkeitsprüfung auftritt. Hier sollen Gerichte, im *Cannabis*-Fall das Bundesverfassungsgericht, gewichten und abwägen, um die Angemessenheit oder Unangemessenheit einer staatlichen Maßnahme oder eines Gesetzes zu beurteilen. Für diese Operation stehen keine einsichtigen und verbindlichen Maßstäbe zur Verfügung. Damit öffnet dieser Prüfungsschritt subjektiven (Vor-)Urteilen und politischen Wertungen Tor und Tür. Und die gewichtenden und abwägenden Richter betreten den Raum der Politik, in dem an sich der Gesetzgeber zu Hause ist.

Verfassungsbeschwerde

Der Nimbus des Bundesverfassungsgerichts (BVerfG) als »Hüter des Grundgesetzes« und Letztentscheidungsinstanz in Verfassungsfragen beruht in erster Linie auf der »Grundrechtsklage«. Genauer: auf der mit der Verfassungsbeschwerde eröffneten Möglichkeit aller Träger von Grundrechten, sich mit der Behauptung, durch die öffentliche Gewalt in einem der aufgeführten Grundrechte verletzt zu sein, an das BVerfG zu wenden (Art. 93 Abs. 1 Nr. 4a). Diese Beschwerde ist ein außerordentlicher Rechtsbehelf, der den umfassend ausgebauten grundrechtlichen Rechtsschutz durch die Fachgerichte nicht verdrängt, sondern nur ergänzt. Auch die Fachgerichte müssen in ihrer Spruchpraxis mithin die Grundrechte beachten und mögliche

Grundrechtsverletzungen prüfen. Gegenüber dem »prozessualen Hauptgrundrecht« auf effektiven Rechtsschutz (Art. 19 Abs. 4) weist die Verfassungsbeschwerde zwei Besonderheiten auf. Erstens handelt es sich nicht um einen Rechtsweg im Sinne von Art. 19 Abs. 4. Vielmehr eröffnet Art. 93 Abs. 1 Nr. 4a nur eine verfassungsgerichtliche Kontrolle am Maßstab der Grundrechte und grundrechtsgleichen Rechte des Grundgesetzes. Zweitens: Im Unterschied zu Art. 19 Abs. 4 kann sich die Verfassungsbeschwerde gegen Akte aller staatlichen Gewalten richten, also auch gegen Gesetze und Gerichtsentscheidungen. Das folgt aus Art. 1 Abs. 3, der Gesetzgebung, vollziehende Gewalt und Rechtsprechung an die Grundrechte bindet.

Der Ruf der Verfassungsbeschwerde ist allerdings besser als ihre praktische Bedeutung. Denn zwischen der Zahl der eingelegten Beschwerden und der Erfolgsquote besteht ein krasses Missverhältnis: Von 1951 bis Ende 2000 sind beim BVerfG in Karlsruhe 126 962 Verfassungsbeschwerden, überwiegend gegen Gerichtsentscheidungen, eingegangen. Von diesen hatten nur 3179 Erfolg, das sind 2,6%. Diese Diskrepanz signalisiert, dass die Verfassungsbeschwerde nicht nur bei gravierenden Grundrechtsverstößen erhoben, vielmehr das BVerfG häufig als eine Art »Kummerkasten der Nation« angesehen wird. Die »Überschwemmung« der Verfassungsrichter mit größtenteils unbedeutenden Beschwerden und Bagatellkonflikten lässt sich freilich auch positiv interpretieren. Das Verfassungsgericht gilt in der öffentlichen Meinung offensichtlich als ein »Bürgergericht«. Alle Ansätze, das Gericht zu entlasten, müssen daher bedenken, dass die bürgerschaftliche Aktivierung der Grundrechte nicht entmutigt werden sollte.

Zwei Typen von Verfassungsbeschwerden sind zu unterscheiden. Die Verfassungsbeschwerde gegen ein Gesetz, die binnen eines Jahres seit dessen In-Kraft-Treten zu erheben ist, und die Urteilsverfassungsbeschwerde, die innerhalb eines Monats einzulegen und zu begründen ist.

Eine Verfassungsbeschwerde wird zur Prüfung angenommen, wenn sie mehrere »Filter« durchlaufen hat und am Ende für zulässig befunden wird. Dieses Filtersystem, Juristen nennen es die Zulässigkeitsprüfung, dient zum einen der Entlastung des Bundesverfassungsgerichts, zum anderen soll es die Nachrangigkeit der verfassungsrechtlichen Kontrolle sichern und überdies »Popularklagen« abwehren. Im vorgeschalteten Annahmeverfahren wird daher geprüft, ob die Beschwerdeschrift eine mögliche und einigermaßen plausibel begründete Grundrechtsverletzung erkennen lässt. Außerdem muss der angegriffene Akt den Beschwerdeführer selbst, unmittelbar und gegenwärtig rechtlich belasten. Eine Verfassungsbeschwerde kann also nicht »ins Blaue« oder gegen eine zukünftige Belastung erhoben werden. Für Urteilsverfassungsbeschwerden kommt schließlich hinzu, dass sie grundsätzlich erst nach Erschöpfung des Rechtsweges erhoben werden können. Erschöpfung des Rechtsweges setzt voraus, dass der Beschwerdeführer zunächst alle nach Lage der Sache zur Verfügung stehenden prozessualen Möglichkeiten ergreift. Dadurch wird sichergestellt, dass die verfassungsgerichtliche Kontrolle subsidiär, also nachrangig zum Zuge kommt. Das Bundesverfassungsgericht prüft die Subsidiarität streng, nicht nur um sich zu entlasten, sondern um alle Grundrechtsträger zu zwingen, Rechtsschutz zunächst bei den Fachgerichten zu suchen und diesen alle Grundrechtsverletzungen vorzutragen. Die umfassende fachgerichtliche Vorprüfung soll gewährleisten, dass Tatsachenmaterial und Rechtsfragen in mehreren Instanzen »aufbereitet« werden und das BVerfG sich auch mit der Rechtsauffassung der Fachgerichte auseinander setzen kann. Von der Rechtswegerschöpfung werden zwei eng gefasste Ausnahmen zugelassen: Wenn die Verfassungsbeschwerde von allgemeiner Bedeutung ist oder wenn dem Beschwerdeführer ein schwerer und unabwendbarer Nachteil entstünde, müsste er zunächst den Rechtsweg durch alle Instanzen beschreiten.

Verfassungskonforme Auslegung

Das Grundgesetz hat Vorrang vor allen anderen Normen des nationalen Rechts. Dieser Vorrang kann auf unterschiedliche Weise durchgesetzt werden. Am deutlichsten dadurch, dass das Bundesverfassungsgericht eine Rechtsnorm, die es für verfassungswidrig hält, für
nichtig erklärt. Dem Vorrang kann aber auch durch »verfassungskonforme Auslegung« Rechnung getragen werden. Wo eine solche
Auslegung möglich ist, darf ein Gesetz nicht für nichtig erklärt werden. Diese Auslegungsregel erfreut sich in der verfassungsgerichtlichen Rechtsprechung großer Beliebtheit. Zum einen trägt sie dazu
bei, die Einheit der Rechtsordnung zu wahren. Zum anderen ent-
schärft sie relativ elegant das Verhältnis zwischen Verfassungsgerichtsbarkeit und Gesetzgeber. Denn die harsche Nichtigkeitserklä-
rung seiner Produkte wird durch eine schonende Anpassung an das
Grundgesetz vermieden. Das Gesetz bleibt gültig.

Eine verfassungskonforme Auslegung kommt jedoch nur dann infrage, wenn der Inhalt eines Gesetzes mehrdeutig ist und wenn eine
der möglichen Deutungen der Verfassung entspricht. Dabei darf sich
die verfassungskonforme Auslegung nicht über einen im Wortlaut
des Gesetzes zum Ausdruck kommenden Willen des Gesetzgebers
hinwegsetzen. Diese Bedingungen sollen gewährleisten, dass der
Vorrang des demokratischen Gesetzgebers gewahrt wird, die Lebensverhältnisse rechtlich zu gestalten. Denn je mehr das Verfassungsgericht den Gesetzgeber durch Auslegung korrigiert, desto
mehr nähert es sich der in der Praxis nicht immer deutlich erkennbaren Grenze, die zwischen Auslegung und Gesetzgebung verläuft.
Und es durchbricht die Trennung der Funktionen von Legislative und
verfassungsgerichtlicher Kontrolle. Zwei Beispiele sollen die Grenzen
und Probleme einer solchen Auslegung verdeutlichen.

Am ersten Beispiel zeigt sich, wie eine Norm schulmäßig verfassungskonform ausgelegt wird. Ein Friseurmeister hatte Verfassungs-

beschwerde erhoben gegen eine (mittlerweile geänderte) Vorschrift des Ladenschlussgesetzes (E 59, 336). Diese gestattete Friseuren, am Samstagnachmittag, also nach den seinerzeit üblichen Ladenschlusszeiten, ihre Dienstleistungen anzubieten. Im Gegenzug mussten die Friseure ihren Betrieb am Montag bis dreizehn Uhr geschlossen halten. Besagter Friseurmeister zog es jedoch vor, samstags zu ruhen und dafür montags mit der Schere aktiv zu sein. Er rügte, die Sondervorschrift sei vom Fachgericht nicht verfassungskonform ausgelegt worden. Das Bundesverfassungsgericht (BVerfG) gab ihm Recht. Die angegriffene Regelung lasse mehrere Auslegungen zu: Strikter Ladenschluss für Friseure am Montag bis 13 Uhr. Oder Wahlrecht für Friseure, entweder am Samstagnachmittag oder am Montagvormittag ihren Betrieb zu öffnen. Dem doppelten Zweck des Gesetzes, die Angestellten zu schützen und gesunde Wettbewerbsverhältnisse zu schaffen, entspreche auch das Wahlrecht. Nur ein Wahlrecht sei aber verhältnismäßig, da es die Berufsfreiheit der Friseure weniger einschränke und der ungleichen Situation unterschiedlicher Friseurbetriebe besser Rechnung trage.

Das zweite Beispiel zeigt die Problematik der verfassungskonformen Auslegung: Das Versammlungsgesetz schreibt in §14 vor, dass Versammlungen unter freiem Himmel spätestens 48 Stunden vorher bei der zuständigen Behörde anzumelden sind. §15 Abs. 2 des gleichen Gesetzes gestattet den Behörden, nicht angemeldete Versammlungen aufzulösen. Nach dem klaren Wortlaut und erkennbaren Ziel dieser Regelungen könnten also Spontandemonstrationen und Eilversammlungen nicht stattfinden bzw. wären stets von der behördlichen Auflösung bedroht. Das aber widerspricht der grundrechtlich verbürgten Versammlungsfreiheit, die nicht nur einen bestimmten Versammlungs- oder Demonstrationstyp schützt. Obwohl hier die Voraussetzungen einer verfassungskonformen Auslegung angesichts des unzweideutigen Wortlauts ersichtlich nicht vorliegen, wurde eine solche Umdeutung von Lehre und Rechtsprechung

Demonstration gegen den Kernkraftwerksbau in Brokdorf im Februar 1976, während der es zu schweren Zusammenstößen zwischen der Polizei und den Demonstranten kam.

vorgenommen und vom BVerfG im *Brokdorf*-Urteil (E 69, 315) bestätigt. Danach gilt die vom Gesetzgeber uneingeschränkt formulierte Anmeldungspflicht nunmehr »nicht ausnahmslos« und sollen die versammlungsrechtlichen Vorschriften »hinter das Grundrecht der Versammlungsfreiheit zurücktreten«. Die unterschiedlichen Funktionen von Legislative und Judikative hätten es eigentlich geboten, dem Gesetzgeber eine Korrektur der versammlungsrechtlichen Bestimmungen nahe zu legen, anstatt die Normen durch richterliche Umdeutung zu »retten«.

Trotz ihrer Unterschiede sind beide Beispiele durchaus typisch für die verfassungsgerichtliche Auslegungspraxis. Im zweiten Fall setzen sich Fachgerichte und Verfassungsgericht an die Stelle des Gesetzgebers. Hier stellt sich die Frage, warum dieser die umgedeutete Norm nicht inzwischen korrigiert hat. Im ersten Fall respektiert das BVerfG die Vermutung, dass der demokratische Gesetzgeber stets verfassungsmäßig handeln will, und bringt dessen Willen im Wege der verfassungskonformen Auslegung angemessen zur Geltung.

GLOSSAR

Europäische Union – »Staatenverbund«, gegründet durch den Vertrag über die Europäische Union vom 7. Februar 1992 (»Maastricht-Vertrag«) auf der Basis der drei Europäischen Gemeinschaften: »Montanunion«, Europäische Wirtschaftsgemeinschaft (umbenannt in »Europäische Gemeinschaft«) und Europäische Atomgemeinschaft, ergänzt durch die mit dem Unionsvertrag eingeführten Politiken und Formen der Zusammenarbeit. *s. S. 80*

Exekutive – Oder vollziehende Gewalt ist jede Ausübung staatlicher Gewalt außer Gesetzgebung und Rechtsprechung. Innerhalb der E. unterscheidet man Regierung als politische Führungsspitze und Verwaltung als Behördenorganisation für den Gesetzesvollzug. *s. S. 16, 22, 26, 28, 53, 61ff., 91, 93, 113*

Föderalismus – Bezeichnet als politisches Organisationsprinzip die freie Einigung von differenzierten, grundsätzlich gleichberechtigten, in der Regel regionalen politischen Verbänden (Ländern, Einzelstaaten), die sich zu gemeinschaftlichem Zusammenwirken in einem Zentralstaat bzw. Bund verbinden. *s. S. 4, 25ff.*

Generalklausel – Der Gesetzgeber verwendet Generalklauseln, um mit einer allgemein gehaltenen Formulierung möglichst viele Lebenssachverhalte zu erfassen. Dadurch soll der Gesetzeswortlaut frei gehalten werden von detaillierten Merkmalen. Beispiel aus dem BGB: »Wer in einer gegen die guten Sitten verstoßenden Weise einem anderen vorsätzlich Schaden zufügt, ist zum Ersatz des Schadens verpflichtet.« (§826) – Im Polizeirecht werden die Gefahrenabwehrbehörden befugt, »die erforderlichen Maßnahmen zu treffen, um eine Gefahr für die öffentliche Sicherheit und Ordnung abzuwehren«. *s. S. 40, 84*

Gesetz – Als Gesetze im formellen Sinn werden Normen bezeichnet, die von den zuständigen Gesetzgebungskörperschaften (Parlamenten) beschlossen, dann ordnungsgemäß ausgefertigt und verkündet worden sind. Gesetz im materiellen Sinn ist jede Rechtsnorm, die für eine unbestimmte Vielzahl von Personen allgemein verbindliche Regelungen enthält, wie z.B. eine Satzung oder eine Rechtsverordnung der Exekutive. *s. S. 8, 22, 26, 29, 41, 49, 52 f., 61, 64 f., 68, 71, 73, 79, 83 f., 96, 111 ff., 118, 120*

Grundrechte – Einzelpersonen oder auch Gruppen zustehende Rechte, die durch die Verfassung verbürgt sind. Nach dem Kreis ihrer Träger werden Menschenrechte, die allen zustehen, von Bürgerrechten unterschieden, die an die Staatsangehörigkeit geknüpft sind. *s. S. 5 ff., 12, 17 f., 27 ff., 31 ff., 38 ff., 45 f., 52, 57, 71, 81 f., 84, 86, 100 ff., 117 f.*

Judikative – Neben Legislative und Exekutive die »dritte« Staatsgewalt (Rechtsprechung), die von Richtern ausgeübt wird. *s. S. 61, 122*

Legislative – Gesetzgebung bzw. gesetzgebende Staatsgewalt. *s. S. 61, 74, 120, 122*

Mehrheit – Zu unterscheiden sind die »einfache Mehrheit« der bei einer Abstimmung Anwesenden von der »absoluten Mehrheit« der gesetzlichen Mitglieder (zum Beispiel: des Bundestages) und von einer »qualifizierten Mehrheit« (zum Beispiel: einer Zweidrittelmehrheit). *s. S. 10, 13, 16, 21 f., 63, 65, 69, 86 f., 95*

Normenkontrolle – Die Gültigkeit von Rechtsvorschriften zu überprüfen ist Aufgabe der Gerichte bei der Rechtsanwendung. Daraus folgt jedoch nicht automatisch die Kompetenz, für ungültig erachtete Normen zu verwerfen bzw. nicht anzuwenden. Sie können eine solche Norm jedoch dem zuständigen Gericht vorlegen (vgl. Art. 100

GG oder Art. 234 EG). Für Bundesgesetze steht dem Bundesverfassungsgericht das Verwerfungsmonopol zu (Art. 93 Abs. 1 Nr. 2 und 2a GG). Die »abstrakte N.« wird unabhängig von einem anderen Verfahren durchgeführt. Die »konkrete N.« wird dadurch eingeleitet, dass ein Gericht eine Norm, auf die es in einem konkreten gerichtlichen Streitfall ankommt, dem BVerfG vorlegt; sie wird daher auch Richtervorlage genannt.

Parteienfinanzierung – Die staatliche P. wird zum einen unmittelbar durch Zuweisungen aus dem Bundeshaushalt, zum anderen mittelbar durch steuerliche Begünstigung von Mitgliederbeiträgen und Spenden Privater an politische Parteien geleistet. Die Höhe der Zuweisungen ist abhängig vom Erfolg einer Partei (Anzahl der Wahlstimmen) bei Europa-, Bundestags- und Landtagswahlen sowie der Summe der Mitgliedsbeiträge und der geworbenen Spenden. Das jährliche Gesamtvolumen der zu verteilenden staatlichen Mittel (»absolute Obergrenze«) beträgt derzeit 133 Millionen Euro. Die Summe der staatlichen Zuweisungen darf bei einer Partei die Summe ihrer jährlichen selbst erwirtschafteten Einnahmen nicht übersteigen (»relative Obergrenze«). Die Grundsätze und das Verfahren der Parteienfinanzierung sind in den §§ 18 ff. des Parteiengesetzes festgelegt. *s. S. 59*

Plebiszit – Bildung des Staatswillens unmittelbar durch das Volk durch Volksabstimmung oder Volksentscheid. *s. S. 13 f.*

Richtlinienkompetenz – Zuständigkeit des Bundeskanzlers, die Richtlinien der Politik der Bundesregierung zu bestimmen (Art. 65 Satz 1 GG). *s. S. 69*

Unionsrecht – Oder: Gemeinschaftsrecht, bestehend aus dem »primären Gemeinschaftsrecht« der Gründungsverträge der Europäischen Gemeinschaft und ihrer Ergänzungen und Änderungen sowie der vom EuGH anerkannten Grundrechte und dem »sekundären Gemeinschaftsrecht«, das von den Unionsorganen (Rat, Kommission, Europäisches Parlament) geschaffen wird. *s. S. 81f., 102*

Verfassung – Die rechtliche Grundordnung eines politischen Gemeinwesens, die allen anderen Normen übergeordnet ist. Sie legt fest, nach welchen Leitprinzipien politische Einheit gebildet wird, staatliche Gewalten eingerichtet und kontrolliert sowie staatliche Aufgaben wahrgenommen werden. Sie regelt Verfahren der Konfliktbewältigung innerhalb des Gemeinwesens. Sie ist der Strukturplan für die Rechtsgestalt eines Gemeinwesens. *s. S. 3ff., 36, 40, 45ff., 48ff., 53ff., 64ff., 81ff., 86ff., 92ff., 97ff., 117ff.*

Vermittlungsausschuss – Ausschuss, bestehend aus jeweils 16 Mitgliedern des Bundestages und des Bundesrates, für die gemeinsame Beratung von Gesetzesvorlagen. Die Einberufung des V. kann sowohl vom Bundesrat als auch vom Bundestag oder der Bundesregierung verlangt werden (Art. 77 Abs. 2 GG). *s. S. 65*

Verordnung – Oder: Rechtsverordnung, ist eine allgemein verbindliche Anordnung für eine unbestimmte Vielzahl von Personen durch Organe der vollziehenden Gewalt aufgrund einer gesetzlichen Ermächtigung. Im Gemeinschaftsrecht der EU werden dagegen die gesetzesgleichen allgemeinen Rechtssätze, die in jedem Mitgliedstaat unmittelbar gelten, als Verordnungen bezeichnet. Diese Bezeichnung soll mit der Verfassung der EU geändert werden. *s. S. 17, 26, 70, 82, 113*

ABKÜRZUNGSVERZEICHNIS

Abs.	Absatz
AEMR	Allgemeine Erklärung der Menschenrechte vom 10. Dezember 1948
a.F.	alte Fassung
Art.	Artikel
BGB	Bürgerliches Gesetzbuch
BGH	Bundesgerichtshof für Zivil- und Strafsachen
BVerfG	Bundesverfassungsgericht
BVerwG	Bundesverwaltungsgericht
DDR	Deutsche Demokratische Republik
E	Entscheidungssammlung des Bundesverfassungsgerichts (zitiert nach Band und Seitenzahl, z.B. E 48, 234)
EG	Vertrag zur Gründung der Europäischen Gemeinschaft
EGMR	Europäischer Gerichtshof für Menschenrechte (in Straßburg)
EMRK	Europäische Konvention zum Schutz der Menschenrechte und Grundfreiheiten vom 4. November 1950
EU	Vertrag über die Europäische Union
EuGH	Gerichtshof der Europäischen Gemeinschaften (in Luxemburg)
G	Gesetz
GG	Grundgesetz
NJW	Neue Juristische Wochenschrift
StGB	Strafgesetzbuch
WRV	Weimarer Reichsverfassung

Literaturhinweise

DOKUMENTE UND TEXTSAMMLUNGEN

Grundgesetz, Textausgabe, Stand 15. 10. 2002, München 2003.

Grundgesetz für die Bundesrepublik Deutschland, hrsg. v. Presse- und Informationsamt der Bundesregierung, Bonn 1998 (auch in englischer, französischer und italienischer Sprache).

Verfassungen der deutschen Bundesländer, 5. Aufl., München 1995.

Wilms, Heinrich (Hg.): Dokumente zur neuesten deutschen Verfassungsgeschichte. Vorschläge, Entwürfe und in Kraft getretene Fassungen des Grundgesetzes 1949–1999. Stuttgart/Berlin/Köln 2001.

HANDBÜCHER UND KOMMENTARE

Benda, Ernst u.a. (Hg.): Handbuch des Verfassungsrechts, 2. Aufl., Berlin/New York 1995.

Denninger, Erhard u.a. (Hg.): Kommentar zum Grundgesetz (AK-GG) 3 Bde., 3.Aufl., Neuwied 2002.

Dreier, Horst (Hg.): Grundgesetz-Kommentar 3 Bde., Tübingen 1996.

Jarass, Hans D./Pieroth, Bodo (Hg.): Grundgesetz für die Bundesrepublik Deutschland, 6. Aufl., München 2002.

von Münch, Ingo/Kunig, Philip (Hg.): Grundgesetz-Kommentar 3 Bde., 5. Aufl., München 2000-2003.

LEHR- UND STUDIENBÜCHER

Degenhart, Christoph: Staatsrecht I Staatsorganisationsrecht, 17. Aufl., Heidelberg 2001.

Denninger, Erhard: Staatsrecht 1 und 2, Reinbek 1973/1979.

Hesse, Konrad: Grundzüge des Verfassungsrechts der Bundesrepublik Deutschland, 20. Aufl., Karlsruhe 1995.

Ipsen, Jörn: Staatsrecht I Staatsorganisationsrecht, 14. Aufl., Neuwied 2002.

Maurer, Hartmut: Staatsrecht I, 2. Aufl., München 2001.

Menzel, Jörg (Hg.): Verfassungsrechtsprechung, Tübingen 2000.

Pieroth, Bodo/Schlink, Bernhard: Grundrechte Staatsrecht II, 19. Aufl., Heidelberg 2003.

VERFASSUNGSGESCHICHTE UND VERFASSUNGSTHEORIE

Abendroth, Wolfgang: Das Grundgesetz, 3. Aufl., Pfullingen 1972.

Frankenberg, Günter: Die Verfassung der Republik, Frankfurt am Main 1997.

Frotscher, Werner/Pieroth, Bodo: Verfassungsgeschichte, 4. Aufl., München 2003.

Gusy, Christoph: Weimar – die wehrlose Republik?, Tübingen 1991.

Gusy, Christoph: Die Weimarer Reichsverfassung, Tübingen 1997.

Stolleis, Michael: Recht im Unrecht. Studien zur Rechtsgeschichte des Nationalsozialismus, Frankfurt am Main 1994.

KONTROVERSEN UM DAS GRUNDGESETZ

Arnim, Hans Herbert von: Die Partei, der Abgeordnete und das Geld, Mainz 1991.

Brünneck, Alexander von: Politische Justiz gegen Kommunisten in der Bundesrepublik Deutschland 1949–1968, Frankfurt am Main 1978.

Denninger, Erhard (Hg.): Freiheitliche demokratische Grundordnung, Frankfurt am Main 1977.

Der Kampf um den Wehrbeitrag, Veröffentlichungen des Instituts für Staatslehre und Politik e.V., Band 2, 1953.

Hollerbach, Alexander u.a., Das Kreuz im Widerspruch, Freiburg 1996.

Sterzel, Dieter (Hg.): Kritik der Notstandsgesetze, Frankfurt am Main 1968.

Wesel, Uwe: Ein Staat vor Gericht. Der Honnecker-Prozeß, Frankfurt am Main 1994.